学校で絶対教えない

とっさに使える英会話

言いたい表現がすぐ見つかる

向井京子

日本文芸社

はじめに

表現力を高めるために

　だれでも外国人と英語で話した人は、「これが言いたいのに言えない！」と、フラストレーションを感じたことがあると思います。これはひとえに手持ちのフレーズ数が不足していることからきています。まだ言葉をあまり知らない子供が「うーんとね、えーとね」と、思うことをなかなか言い表せないのと同じです。

　ここでちょっと、英語力を衣類のワードロープに例えてみたいと思います。洋服ダンスのいちばん下はアンダーウエアの引き出し。下着なしで洋服を着る人はいません。英語力で下着にあたるのが、中学レベルの英語です。衣類も英語も基礎部分は、質のよいものを身に付けたいものです。英語力が伸び悩んでいる人は、中学英語を復習しましょう。

　その上の引き出しには、好みに応じていろいろな手持ちの服が入っていると思います。あなたの英語力の引き出しも同じです。本書の出番はここにあります。いろいろなフレーズを取り出してあなたの言葉の引き出しに入れていきましょう。ところで服には、カジュアルなTシャツやジーンズ、仕事用のスーツ、おしゃれなよそゆき服などがありますね。フレーズも服と同じように、TPOに応じた使い分けが必要です。本書のフレーズには、カジュアル、丁寧、フォーマルのマークが付いています。TPOに応じて適切なフレーズが使えるように心がけてください。

　本書は日常英会話のベーシックな表現を集めたフレーズ集です。学校英語では習わなかったような言い回しやイディオムもカバーしています。ふだんからその辺りにポンと放り投げておいて、気軽にひろい読みすることをお勧めします。使えるフレーズを増やすことが、必ず表現力のアップにつながっていくでしょう。

向井京子

本書の使い方

　本書は、テーマ別に6章構成になっています。各章の見出しには日常会話で使用頻度が高い語句やフレーズを選び、見出しごとにキーフレーズ、類似・応用フレーズ、決まり文句などを掲載しています。本書の日本語訳は必ずしも直訳ではなく、それぞれの状況やニュアンスにふさわしい意訳を掲載しています。

❶ 小見出しは、日常生活で使われる基本的な語句やフレーズを掲載しています。

❷ キーフレーズは、小見出しの語句に関する最も基本的なフレーズです。

❸ キーフレーズを使ったダイアローグ（対話）です。キーフレーズを使う状況が、具体的に分かるようになっています。

❹ キーフレーズに関係する類似表現です。各記号の意味は、以下のとおりです。

C（Casual）カジュアルな表現です。親しい人に対しての言い方や、くだけた言い回しです。

P（Polite）丁寧な表現です。丁重で礼儀正しい言い方です。

F（Formal）フォーマルな表現です。改まった状況で使う儀礼的で、形式張った言い方です。

／は直前の単語と入れ替えることができる単語です。

（　）で囲った語句は省略することができます。省略すると、よりカジュアルな表現になります。

日本語・英語索引は、単語や熟語・決まり文句などから、いろいろなフレーズが検索できるようになっています。

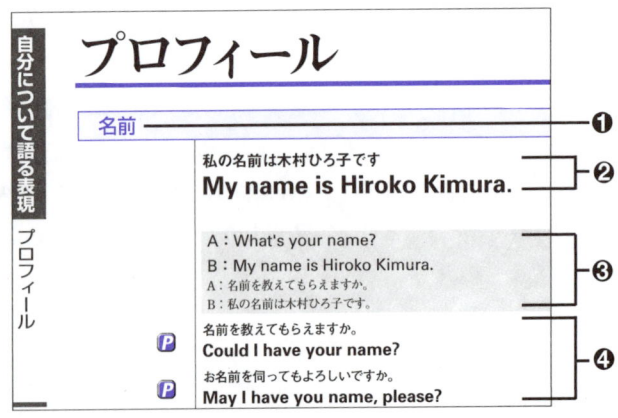

contents

社交の表現 ……………………………………15

話しかける ………………………………16
　　すみませんが ………………………………16
　　知らない人に話しかける ……………………16
　　遠慮がちに話しかける ………………………17
　　友達に呼びかける ……………………………18

出会いのあいさつ ………………………19
　　おはようございます …………………………19
　　こんにちは ……………………………………20
　　元気ですか ……………………………………21
　　調子はどうですか ……………………………21
　　家族や知人の様子を尋ねる …………………22
　　元気です ………………………………………23
　　まあまあです …………………………………24
　　あまりよくない ………………………………24
　　仕事の調子を尋ねる …………………………25
　　仕事の様子を答える …………………………25
　　お変わりないですか …………………………26
　　同じです ………………………………………27
　　変わりないです ………………………………27
　　どうしていましたか …………………………28
　　久しぶりです …………………………………28
　　ごぶさたしていました ………………………29
　　また会えてうれしい …………………………29
　　お変わりないですね …………………………30
　　元気そうですね ………………………………30

別れのあいさつ …………………………31
　　さようなら ……………………………………31
　　おやすみ ………………………………………31
　　また会うときまで ……………………………32
　　またね …………………………………………32
　　また必ずね ……………………………………33

contents

- またそのうちに ···································33
- 近いうちに·····································34
- 会えて良かった ·································35
- いい〜を過ごしてください ·······················35
- 楽しんできて ···································36
- 元気でね ·······································36
- 連絡を取りましょう ·····························37

紹介 ···38

- 紹介を切り出す ·································38
- 知り合いかどうか確かめる ·······················39
- 紹介する ·······································39
- 紹介してほしいと頼む ···························40
- 自己紹介を切り出す ·····························40
- 初対面のあいさつ ·······························41
- 名前を聞き返す ·································42
- ファーストネームで呼ぶ ·························42
- あなたのことは聞いている ·······················43

お礼 ···44

- ありがとう·····································44
- どうもありがとう ·······························44
- 〜をありがとう ·································45
- (あなたに)感謝します ··························46
- (事柄に)感謝します ····························46
- ご親切に ·······································47
- 助かりました ···································47
- お礼の言いようがない···························48
- 気を使わないで ·································48
- どういたしまして ·······························49
- お礼にはおよびません···························49
- 何でもないと答える ·····························50
- 役に立ってうれしい ·····························50

お詫び ···51

- 失礼 ···51
- ごめんなさい···································51

悪かった ･････････････････････････････52
すまなく思う ････････････････････････53
丁重に謝る ･･････････････････････････53
非を認める ･･････････････････････････54
許しを請う ･･････････････････････････54
失言を謝る ･･････････････････････････55
謝罪に答える ････････････････････････55

お祝を言う ･････････････････････････････････56

おめでとう ･･････････････････････････56
行事や記念日を祝う ･･････････････････56
すごいね ････････････････････････････58

お悔やみ ･･･････････････････････････････････59

お悔やみを言う ･･････････････････････59
同情する ････････････････････････････59
元気づける ･･････････････････････････60
力になると言う ･･････････････････････60

つきあいの表現 ･････････････････････････････61

誘う ･･･････････････････････････････････････62

予定を尋ねる ････････････････････････62
暇かどうか尋ねる ････････････････････62
食事に誘う ･･････････････････････････63
飲みに誘う ･･････････････････････････64
レジャーに誘う ･･････････････････････64
誘いを受ける ････････････････････････65
一般的な断り方 ･･････････････････････66
はっきり断る ････････････････････････67
丁寧に断る ･･････････････････････････67
代案を言う ･･････････････････････････68
返事を保留する ･･････････････････････69
また誘ってほしいと言う ･･････････････69

contents

待ち合わせの約束 ･･････････････････････70

相手の都合を聞く ･･････････････････････70
日時を決める･･････････････････････････70
いつでもかまわない ････････････････････71
場所を決める･･････････････････････････72
相手に任せる･･････････････････････････72
予定を変更するとき ････････････････････73

訪問・招待 ･･････････････････････････74

歓迎する ･････････････････････････････74
訪問できてうれしい ････････････････････74
家に迎え入れる ････････････････････････75
手みやげを渡す ････････････････････････75
お座りください ････････････････････････76
くつろいでもらう ･･････････････････････76
住まいをほめる ････････････････････････76
飲食物を勧める ････････････････････････77
席をはずす････････････････････････････77
家の人に許可を求める ･･････････････････78
さよならを切り出す ････････････････････79
訪問が楽しかったと言う ････････････････79
再度の訪問を促す ･･････････････････････80

頼み事をする ････････････････････････81

頼み事を切り出す ･･････････････････････81
手伝いを頼む･･････････････････････････81
時間をとってもらう ････････････････････82
物を借りる ･･･････････････････････････83
日常の用事を頼む ･･････････････････････83
面倒な用事を頼む ･･････････････････････84
指示する ･････････････････････････････85
恐縮しながら頼む ･･････････････････････85
頼み事を承諾する ･･････････････････････86
頼み事を断る･･････････････････････････87

申し出る ････････････････････････････88

助力を申し出る ････････････････････････88

　　　　気軽に申し出る･････････････････････････88
　　　　いろいろな申し出 ･････････････････････89
　　　　申し出を受ける･････････････････････････90
　　　　申し出を断る･･･････････････････････････90
　　　　必要ないと断る･････････････････････････91

忠告・助言･････････････････････････････････92

　　　　助言がほしいと切り出す･････････････････92
　　　　意見を求める･･･････････････････････････92
　　　　強く忠告する･･･････････････････････････93
　　　　提案する･･･････････････････････････････93
　　　　相手の立場になる･･･････････････････････94

自分について語る表現･･････････････････････95

プロフィール ･････････････････････････････96

　　　　名前･･･････････････････････････････････96
　　　　年齢・誕生日･･･････････････････････････97
　　　　出身地･････････････････････････････････98
　　　　住まい･････････････････････････････････99
　　　　住所・電話番号など････････････････････100
　　　　血液型・星座･･････････････････････････101
　　　　身体のサイズ ･････････････････････････101
　　　　家族･･････････････････････････････････103

私自身を語る･････････････････････････････106

　　　　外見 ･･････････････････････････････････106
　　　　性格･･････････････････････････････････107
　　　　好きなこと････････････････････････････109
　　　　嫌いなこと････････････････････････････110
　　　　趣味･･････････････････････････････････111
　　　　余暇の過ごし方････････････････････････112
　　　　友達･･････････････････････････････････113
　　　　ファッション ･････････････････････････114
　　　　恋愛･･････････････････････････････････115
　　　　健康･･････････････････････････････････116
　　　　将来の夢や希望････････････････････････117

contents

学校 ・・・・・・・・・・・・・・・・・・・・・・・・・・・・・・・・・・・・・118

- 学生です ・・・・・・・・・・・・・・・・・・・・・・・・・・・・・・・・118
- 学年をいう ・・・・・・・・・・・・・・・・・・・・・・・・・・・・・・118
- 専攻をいう ・・・・・・・・・・・・・・・・・・・・・・・・・・・・・・119
- 科目 ・・・・・・・・・・・・・・・・・・・・・・・・・・・・・・・・・・・・120
- クラブ活動 ・・・・・・・・・・・・・・・・・・・・・・・・・・・・・・121
- 試験・成績 ・・・・・・・・・・・・・・・・・・・・・・・・・・・・・・122
- 落第・退学 ・・・・・・・・・・・・・・・・・・・・・・・・・・・・・・123
- アルバイト ・・・・・・・・・・・・・・・・・・・・・・・・・・・・・・124
- 卒業 ・・・・・・・・・・・・・・・・・・・・・・・・・・・・・・・・・・・・125

仕事 ・・・・・・・・・・・・・・・・・・・・・・・・・・・・・・・・・・・・126

- 職業名を言う ・・・・・・・・・・・・・・・・・・・・・・・・・・・・126
- 〜で働いています ・・・・・・・・・・・・・・・・・・・・・・・・127
- 通勤 ・・・・・・・・・・・・・・・・・・・・・・・・・・・・・・・・・・・・127
- 勤務時間 ・・・・・・・・・・・・・・・・・・・・・・・・・・・・・・・・128
- 上司・同僚・部下 ・・・・・・・・・・・・・・・・・・・・・・・・129
- 給料 ・・・・・・・・・・・・・・・・・・・・・・・・・・・・・・・・・・・・129
- 残業 ・・・・・・・・・・・・・・・・・・・・・・・・・・・・・・・・・・・・130
- 休暇 ・・・・・・・・・・・・・・・・・・・・・・・・・・・・・・・・・・・・131
- 転職する ・・・・・・・・・・・・・・・・・・・・・・・・・・・・・・・・132
- 仕事を辞める ・・・・・・・・・・・・・・・・・・・・・・・・・・・・132

五感を伝える表現 ・・・・・・・・・・・・・・・・・・・・・・・・・133

見る ・・・・・・・・・・・・・・・・・・・・・・・・・・・・・・・・・・・・134

- 見る ・・・・・・・・・・・・・・・・・・・・・・・・・・・・・・・・・・・・134
- 注意して見る ・・・・・・・・・・・・・・・・・・・・・・・・・・・・134
- 見える ・・・・・・・・・・・・・・・・・・・・・・・・・・・・・・・・・・135
- 見かける ・・・・・・・・・・・・・・・・・・・・・・・・・・・・・・・・136
- 眺める ・・・・・・・・・・・・・・・・・・・・・・・・・・・・・・・・・・137
- テレビを見る ・・・・・・・・・・・・・・・・・・・・・・・・・・・・137
- 映画や芝居を見る ・・・・・・・・・・・・・・・・・・・・・・・・138
- 観戦する ・・・・・・・・・・・・・・・・・・・・・・・・・・・・・・・・139
- 本や新聞で見る ・・・・・・・・・・・・・・・・・・・・・・・・・・139
- 探す・調べる ・・・・・・・・・・・・・・・・・・・・・・・・・・・・140
- 見物する ・・・・・・・・・・・・・・・・・・・・・・・・・・・・・・・・140
- 目撃する ・・・・・・・・・・・・・・・・・・・・・・・・・・・・・・・・141

～に見える ・・・・・・・・・・・・・・・・・・・・・・・・・・・・・・・・141
　いろいろな「見る」・・・・・・・・・・・・・・・・・・・・・・・142

聞く ・・・・・・・・・・・・・・・・・・・・・・・・・・・・・・・・・・・・・・・143

　聞く ・・・・・・・・・・・・・・・・・・・・・・・・・・・・・・・・・・・・・・143
　聞こえる ・・・・・・・・・・・・・・・・・・・・・・・・・・・・・・・・・・143
　音楽を聴く ・・・・・・・・・・・・・・・・・・・・・・・・・・・・・・・144
　ニュースやラジオを聴く ・・・・・・・・・・・・・・・・・・・145
　聞き取る ・・・・・・・・・・・・・・・・・・・・・・・・・・・・・・・・・145
　耳を傾ける ・・・・・・・・・・・・・・・・・・・・・・・・・・・・・・・146
　噂を聞く ・・・・・・・・・・・・・・・・・・・・・・・・・・・・・・・・・146
　尋ねる ・・・・・・・・・・・・・・・・・・・・・・・・・・・・・・・・・・・147

かぐ ・・・・・・・・・・・・・・・・・・・・・・・・・・・・・・・・・・・・・・・148

　いいにおい ・・・・・・・・・・・・・・・・・・・・・・・・・・・・・・・148
　不快なにおい ・・・・・・・・・・・・・・・・・・・・・・・・・・・・・148
　～のにおいがする・・・・・・・・・・・・・・・・・・・・・・・・・149
　人からのにおい ・・・・・・・・・・・・・・・・・・・・・・・・・・150
　～のようなにおいがする ・・・・・・・・・・・・・・・・・・151
　嗅覚 ・・・・・・・・・・・・・・・・・・・・・・・・・・・・・・・・・・・・・151

味わう ・・・・・・・・・・・・・・・・・・・・・・・・・・・・・・・・・・・152

　おいしい ・・・・・・・・・・・・・・・・・・・・・・・・・・・・・・・・・152
　まずい・・・・・・・・・・・・・・・・・・・・・・・・・・・・・・・・・・・・153
　～のような味がする ・・・・・・・・・・・・・・・・・・・・・・154
　いろいろな味 ・・・・・・・・・・・・・・・・・・・・・・・・・・・・・155
　濃い・薄い ・・・・・・・・・・・・・・・・・・・・・・・・・・・・・・・156
　あっさり・こってり ・・・・・・・・・・・・・・・・・・・・・・・156
　味がない ・・・・・・・・・・・・・・・・・・・・・・・・・・・・・・・・・157
　味わう ・・・・・・・・・・・・・・・・・・・・・・・・・・・・・・・・・・・158

身体や肌で感じる ・・・・・・・・・・・・・・・・・・・・・・・・159

　触る ・・・・・・・・・・・・・・・・・・・・・・・・・・・・・・・・・・・・・159
　いろいろな触る動作 ・・・・・・・・・・・・・・・・・・・・・・・160
　いろいろな感触 ・・・・・・・・・・・・・・・・・・・・・・・・・・・161

11

contents

  天候の寒暖 ・・・・・・・・・・・・・・・・・・・・・・・・・・・162
  温度 ・・・・・・・・・・・・・・・・・・・・・・・・・・・・・・・・164
  痛みとかゆみ ・・・・・・・・・・・・・・・・・・・・・・・・・165
  感覚がない ・・・・・・・・・・・・・・・・・・・・・・・・・・・166

気持ちを伝える表現 ・・・・・・・・・・・・・・・・・・・・167

喜び ・・・・・・・・・・・・・・・・・・・・・・・・・・・・・・・・・・168

  喜びを表す言葉 ・・・・・・・・・・・・・・・・・・・・・・・168
  なんてすごい ・・・・・・・・・・・・・・・・・・・・・・・・・169
  うれしい ・・・・・・・・・・・・・・・・・・・・・・・・・・・・・170
  〜がうれしい ・・・・・・・・・・・・・・・・・・・・・・・・・171
  最高です ・・・・・・・・・・・・・・・・・・・・・・・・・・・・・172
  よかったね ・・・・・・・・・・・・・・・・・・・・・・・・・・・172
  楽しい ・・・・・・・・・・・・・・・・・・・・・・・・・・・・・・・173
  面白い ・・・・・・・・・・・・・・・・・・・・・・・・・・・・・・・174
  安心する・ほっとする ・・・・・・・・・・・・・・・・・175
  満足する ・・・・・・・・・・・・・・・・・・・・・・・・・・・・・176
  感動する ・・・・・・・・・・・・・・・・・・・・・・・・・・・・・176

悲しみ ・・・・・・・・・・・・・・・・・・・・・・・・・・・・・・・・178

  悲しい ・・・・・・・・・・・・・・・・・・・・・・・・・・・・・・・178
  落ち込む ・・・・・・・・・・・・・・・・・・・・・・・・・・・・・178
  寂しい ・・・・・・・・・・・・・・・・・・・・・・・・・・・・・・・179
  心配する ・・・・・・・・・・・・・・・・・・・・・・・・・・・・・180
  失望する ・・・・・・・・・・・・・・・・・・・・・・・・・・・・・181
  残念に思う ・・・・・・・・・・・・・・・・・・・・・・・・・・・181
  後悔する ・・・・・・・・・・・・・・・・・・・・・・・・・・・・・182
  困る ・・・・・・・・・・・・・・・・・・・・・・・・・・・・・・・・・183
  悩む ・・・・・・・・・・・・・・・・・・・・・・・・・・・・・・・・・185

怒り ・・・・・・・・・・・・・・・・・・・・・・・・・・・・・・・・・・186

  怒ったときの言葉 ・・・・・・・・・・・・・・・・・・・・・186
  怒る ・・・・・・・・・・・・・・・・・・・・・・・・・・・・・・・・・186
  〜に怒る ・・・・・・・・・・・・・・・・・・・・・・・・・・・・・188
  人を拒絶する ・・・・・・・・・・・・・・・・・・・・・・・・・188
  いらいらする ・・・・・・・・・・・・・・・・・・・・・・・・・189

うんざりする ・・・・・・・・・・・・・・・・・・・・・・・・・・・・・190

驚き ・・・・・・・・・・・・・・・・・・・・・・・・・・・・・・・・・・・・191

驚いたときの言葉・・・・・・・・・・・・・・・・・・・・・・・・・191
驚く ・・・・・・・・・・・・・・・・・・・・・・・・・・・・・・・・・・・192
うれしい驚き ・・・・・・・・・・・・・・・・・・・・・・・・・・・・193
〜に驚く・・・・・・・・・・・・・・・・・・・・・・・・・・・・・・・・193
信じられない ・・・・・・・・・・・・・・・・・・・・・・・・・・・・194
意外です・・・・・・・・・・・・・・・・・・・・・・・・・・・・・・・・195
本当ですか ・・・・・・・・・・・・・・・・・・・・・・・・・・・・・196
冗談でしょう？ ・・・・・・・・・・・・・・・・・・・・・・・・・196
あり得ない ・・・・・・・・・・・・・・・・・・・・・・・・・・・・・197
ショックを受ける・・・・・・・・・・・・・・・・・・・・・・・・198

いろいろな感情 ・・・・・・・・・・・・・・・・・・・・・・・・・199

怖い ・・・・・・・・・・・・・・・・・・・・・・・・・・・・・・・・・・・199
興奮する・・・・・・・・・・・・・・・・・・・・・・・・・・・・・・・・200
たいくつする・あきる ・・・・・・・・・・・・・・・・・・・200
うらやむ・・・・・・・・・・・・・・・・・・・・・・・・・・・・・・・・201
恥ずかしい ・・・・・・・・・・・・・・・・・・・・・・・・・・・・・202
気持ちがいい ・・・・・・・・・・・・・・・・・・・・・・・・・・・204

考えや意見を伝える表現 ・・・・・・・・・・・・・・・・・・・205

自分の考えを伝える ・・・・・・・・・・・・・・・・・・・・・206

思いや考えを言う・・・・・・・・・・・・・・・・・・・・・・・・206
感じたことを言う・・・・・・・・・・・・・・・・・・・・・・・・207
信じる・・・・・・・・・・・・・・・・・・・・・・・・・・・・・・・・・・208
確信する・・・・・・・・・・・・・・・・・・・・・・・・・・・・・・・・209
決意・決心する ・・・・・・・・・・・・・・・・・・・・・・・・・210
予定・計画を言う ・・・・・・・・・・・・・・・・・・・・・・・210
想像・推測する ・・・・・・・・・・・・・・・・・・・・・・・・・211
人から聞いた話しを伝える ・・・・・・・・・・・・・・・212
疑いを話す・・・・・・・・・・・・・・・・・・・・・・・・・・・・・・213
期待する・・・・・・・・・・・・・・・・・・・・・・・・・・・・・・・・213
希望や願いを言う ・・・・・・・・・・・・・・・・・・・・・・・214

contents

相手の考えを聞く ・・・・・・・・・・・・・・・・・・・・・・・・・・・・・・215
　話を促す ・・・・・・・・・・・・・・・・・・・・・・・・・・・・・・・・・・・・215
　意見を尋ねる ・・・・・・・・・・・・・・・・・・・・・・・・・・・・・・・215
　賛否を問う ・・・・・・・・・・・・・・・・・・・・・・・・・・・・・・・・・216

賛成する ・・・・・・・・・・・・・・・・・・・・・・・・・・・・・・・・・・・・・・217
　肯定する ・・・・・・・・・・・・・・・・・・・・・・・・・・・・・・・・・・・・217
　強く肯定する ・・・・・・・・・・・・・・・・・・・・・・・・・・・・・・・217
　同意する ・・・・・・・・・・・・・・・・・・・・・・・・・・・・・・・・・・・・218
　賛成する ・・・・・・・・・・・・・・・・・・・・・・・・・・・・・・・・・・・・219
　あいまいに賛成する ・・・・・・・・・・・・・・・・・・・・・・・・・220
　そのとおり ・・・・・・・・・・・・・・・・・・・・・・・・・・・・・・・・・・220
　紹介する ・・・・・・・・・・・・・・・・・・・・・・・・・・・・・・・・・・・・222

反対する ・・・・・・・・・・・・・・・・・・・・・・・・・・・・・・・・・・・・・・223
　否定する ・・・・・・・・・・・・・・・・・・・・・・・・・・・・・・・・・・・・223
　きっぱり否定する ・・・・・・・・・・・・・・・・・・・・・・・・・・・223
　あいまいに否定する ・・・・・・・・・・・・・・・・・・・・・・・・・224
　そう思わない ・・・・・・・・・・・・・・・・・・・・・・・・・・・・・・・225
　反対です ・・・・・・・・・・・・・・・・・・・・・・・・・・・・・・・・・・・・225
　間違っています ・・・・・・・・・・・・・・・・・・・・・・・・・・・・・226
　意見が合わない ・・・・・・・・・・・・・・・・・・・・・・・・・・・・・228
　わからない ・・・・・・・・・・・・・・・・・・・・・・・・・・・・・・・・・228

日本語索引 ・・・・・・・・・・・・・・・・・・・・・・・・・・・・・・・・・・230
英語索引 ・・・・・・・・・・・・・・・・・・・・・・・・・・・・・・・・・・・・240

　カバーデザイン　　若林繁裕
　本文デザイン　　　大平次雄（クレビア）
　企画・編集　　　　有限会社 ブックメーカー

社交の表現

- *Greetings Plus*
- *Communication*
- *Self Introductions*
- *Five Senses*
- *Feelings*
- *Beliefs and Opinions*

話しかける

すみませんが

すみませんが。
Excuse me.
▲話しかけるときに使う最も一般的な言葉です。

▼道を尋ねるために、通りがかりの人に話しかけます。

A：Excuse me.
B：Yes?
A：Could you tell me the way to the station?
A：すみませんが。
B：はい？
A：駅へ行く道を教えてもらえますか。

ちょっといい、ルーク。
Excuse me, Luke.
▲相手を知っているときは、名前も言って呼びかけます。

すみません。お願いします。
P Excuse me, please.

失礼します。
P Pardon me.

ちょっとすみません。
Excuse me for a moment.
C Excuse me for a sec.
▲for a sec.「ちょっとの間」。for a secondを短くした口語表現。

知らない人に話しかける

すみません。
Sir／Ma'am／Miss／.
▲知らない人には、敬称で呼びかけることもあります。男性にはsir、女性にはma'amまたはMiss（若い女性）を使います。

C カジュアルな表現　　**P** 丁寧な表現　　**F** フォーマルな表現

A: Sir, you dropped your wallet.
B: Oh, thank you.
A: すみません、お財布を落としましたよ。
B: ああ、ありがとう。

すみませんが。
Excuse me, sir／ma'am／Miss／.
▲Excuse meに敬称を付けて言うと、さらに丁寧な感じになります。

遠慮がちに話しかける

お邪魔して申し訳ありませんが。
(I'm) sorry to interrupt you.
▲「あなたがしていることを中断させて悪いけど…」と前置きして話しかける、遠慮がちで丁寧な呼びかけのフレーズです。interrupt「さえぎる、中断する」

▼仕事中、上司のコリンズ氏に話しかけます。

A: I'm sorry to interrupt you, Mr. Collins.
B: Sure, what is it?
A: お邪魔して申し訳ないのですが、コリンズさん。
B: はい、何ですか。

お邪魔するつもりはないのですが、少し話ができますか。
I don't mean to interrupt you, but could I talk to you for a moment?

面倒かけて悪いけど、ひとつ質問してもいいですか。
(I'm) sorry to bother you, but could I ask a question?
▲bother「悩ます、うるさがらせる」

お邪魔してないといいのですが、ちょっとお願いしてもいいですか。
I hope I'm not disturbing you, but could I ask you a favor?
▲disturb「妨げる、邪魔をする」

邪魔じゃないかな？
I'm not interrupting you, am I?

社交の表現　話しかける

友達に呼びかける

おーい、ボブ。
Hey, Bob.
▲親しい友達どうしで使う、非常にくだけた表現です。見ず知らずの人に対してHey!と呼びかけるのは大変失礼なので、知らない人には必ずExcuse me.と呼びかけてください。

A：Hey, Bob. Where're you going?
B：Hi, Jan. I'm going to downtown.
A：おーい、ボブ。どこ行くんだい。
B：やあ、ジャン。街へ行くところなんだ。

C おーい。ちょっと。
Hey.

Column ［スモールトークは友達の第一歩］
初対面の人とは、軽い差し障りのない話題（small talk）で会話を楽しみます。スポーツや芸術、趣味・レジャーなどから、お互いに興味や関心があるトピックを選んで話しをしてください。

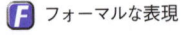

C カジュアルな表現　**P** 丁寧な表現　**F** フォーマルな表現

出会いのあいさつ

おはようございます

おはようございます。
Good morning.

▲改まった感じのあいさつです。Good morning.は午前、Good afternoon.は正午からだいたい午後6時頃または日没まで、Good evening.はそれ以降に使います。

A：Good morning, Mrs. Jones.
B：Good morning, Yoko.
A：おはようございます、ジョーンズさん。
B：おはようございます、ヨーコさん。

Column [英語のあいさつパターン]

英語のあいさつには決まったパターンがあります。「こんにちは」などあいさつの最初のひと言を言ったら、次に相手の気分や調子を尋ねます。聞かれた側は、自分の気分や調子を答えてお礼を述べ、相手のことを尋ね返します。ここまでがあいさつの定番パターン。ちょっと対話形式で見てみましょう。
A：こんにちは、お元気ですか？
B：元気です。ありがとう。あなたは？
A：私も元気です。

日本語にすると不自然な感じがしますが、これが英語では自然な流れのあいさつです。各行とも、相手や状況によっていろいろなフレーズがあります。なるべくたくさんの表現を身に付け、TPOに応じたあいさつのキャッチボールをしましょう。

社交の表現

出会いのあいさつ

社交の表現

出会いのあいさつ

C おはよう。
Morning.

P こんにちは。
Good afternoon.

P こんばんは。
Good evening.

こんにちは

こんにちは。
Hello.
▲Hello.とHi.は時間に関係なくいつでも使えるあいさつです。

A：Hello, Mr. Baker.
B：Hi, David.
A：こんにちは、ベーカーさん。
B：こんにちは、デビッド。

C こんにちは。
Hi.

こんにちは。いい日ですね。
Good day.
▲主に昼間に使うあいさつ。「さようなら」にも使えます。

C カジュアルな表現　　**P** 丁寧な表現　　**F** フォーマルな表現

元気ですか

元気ですか。
How are you?
▲どんな相手や状況にも安心して使える、最も一般的な「元気ですか」のフレーズです。通常HelloやHiに続けて言いますが、このフレーズであいさつをはじめてもOKです。

A：Hi, how are you?
B：Fine, thanks. How are you?
A：Just great.
A：こんにちは、元気？
B：まあまあさ。君はどう？
A：すごく順調よ。

どうしてますか。
How are you getting on?
▲get on「暮らす、何とかやっていく」

気分はいかがですか。
How are you feeling?
▲相手の健康状態を尋ねるあいさつ表現。前もって相手の不調を知っているときなどに使います。

どうしてる？
How are you doing?

調子はどうですか

調子はどう？
How's it going?
▲How's it going?の主語itは、身辺の状況や様子を漠然と表す「状況のit」とよばれる用法です。下記例文のeverythingやthingsも同様です。

A：How's it going?
B：Couldn't be better.
A：調子はどう？
B：最高ですよ。
▲Couldn't be better.直訳は「これ以上良くなりようがない」つまり「最高に良い」という意味になります。

社交の表現 — 出会いのあいさつ

いろいろ調子はどう？
How's everything?
▲相手の身の回りのこと全て(everything)について、「どう？」と漠然と尋ねる表現です。

C どうしてる？
How are things?
▲things「(漠然と)物事、事態、成り行き」。この意味のときは必ず複数形で使います。

C うまくいってる？
How are things going?
▲上のフレーズにgoingが付いた表現。このgoは「(物事が)うまくいく」という意味。

C このところ調子はいかがですか。
How's life treating you?
▲直訳は「どのように世の中はあなたを扱ってますか」

家族や知人の様子を尋ねる

ご家族はいかがですか。
How's your family?

A：How's your family?
B：They're all fine. How's yours?
A：ご家族はいかが？
B：みんな元気です。あなたのご家族は？

家族の皆さんは、どうしてますか。
How's your family doing?

奥さん／旦那さん／はいかがですか。
How's your wife／husband／?

皆さん、いかがですか。
How's everyone?

ジムはどうしてますか。
How's Jim doing?

C 家族の皆は、いかが？
How're your folks?
▲folks「家族、親族」という意味の口語表現。

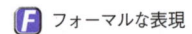

C カジュアルな表現　　**P** 丁寧な表現　　**F** フォーマルな表現

元気です

元気です。
I'm fine.
▲「お元気ですか」に対する返答として、一番ベーシックなフレーズです。どのような状況や相手でも使えます。

A：How are you?
B：I'm fine, thank you. How about you?
A：Just fine, thanks.
A：元気ですか。
B：元気です。ありがとう。あなたは？
A：元気です。ありがとう。

元気です。
- **(Just) Fine.** ⓒ
- **Good.** ⓒ
- **Excellent.** ⓟ

とても元気です。
- **Very well.**
- **Great.** ⓒ
- **Pretty good.** ⓒ
- **I'm fine.** ⓟ

▲このprettyは「非常に、かなり」という意味の副詞です。

Note [答えの主語に注意]

「元気ですか」と尋ねるフレーズには、①主語が人称代名詞（例：How're you?）、②状況を表すitなど（例：How's it going?）の2通りがあります。返事をするときには、How're you?→I'm fine.／How's it going→(It's) all right.（It'sは言わないのが普通）のように、答の主語が質問文の主語と呼応するように気をつけてください。Great. Fine.のように状態を表す言葉だけで答えるのは一般的で間違いがありませんが、常に主語を意識することは英会話の上達に大切なことです。

社交の表現

出会いのあいさつ

まあまあです

まあまあです。
I'm all right／OK.
▲all rightよりOKのほうがカジュアルです。

A：How are you doing?
B：I'm all right. And you?
A：OK.
A：調子はどう？
B：まあ何とか。君はどう？
A：まあまあね。

そんなに悪くないです。
Not so bad.

まあ、いいよ。
All right／OK.

まあまあかな。
So-so.

▲日本語の「まあまあ」は、言い方や状況によって「良い」または「悪い」に近い意味で使うことがありますが、英語のso-soは常に文字通り「取り立てて良くも悪くもない」という意味で用いられます。

あまりよくない

あまりよくありません。
Not so good.

A：How're things going?
B：Not so good.
A：うまくいってる？
B：あまりよくないんだ。

前よりいいですよ。
Much better.

 カジュアルな表現　 丁寧な表現　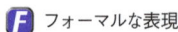 フォーマルな表現

仕事の調子を尋ねる

仕事はどうですか。
How's work?

A：How's work?
B：I've been busy.
A：仕事はどう？
B：ここのところずっと忙しいよ。

商売の景気はどうですか。
How's business?
▲business「商売、取引」

仕事の様子を答える

良くなってきました。
It's getting better.
▲get better「前より良くなる」

A：How's business?
B：It's getting better.
A：商売のほうはどう？
B：良くなってきてるよ。

Column ［あいさつは明るく］

日本人どうしのあいさつでは、「元気？」と聞かれたときに「風邪をひいちゃって…」「腰が痛くて」と、具合が悪い様子を言うのは珍しくありません。他方、英語では、よほど親しい間柄でないかぎり、体調が悪かったり心配事があってもI'm OK.やSo-so.とポジティブな返答でサラッとすませるのが一般的です。相手が察して、Are you okay?などとさらに尋ねてくれたら、そこではじめて「実は…」と切り出せばよいのです。

社交の表現　出会いのあいさつ

いいです。
It's fine／good.
(It) couldn't be better.

前向きです。
It's improving.
▲improve「(内容・状態が)改善・向上する」

景気は悪いです。
It's slow.
(It) could be better.
▲直訳は「もっと良くなっていいはずです」

お変わりないですか

変わりない？
What's up?
▲このupは「進行中で、起こって」という意味で、直訳は「何が起こってるの？」。「この前会ってから変わったことがあった？」という意味のカジュアルなあいさつです。

A：What's up, Jim?
B：I bought a new computer.
A：変わりない？
B：新しいパソコンを買ったんだ。

何か変わったことあった？
What's happening?

何か目新しいことがあった？
What's new?

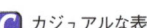 カジュアルな表現　　丁寧な表現　　フォーマルな表現

同じです

同じです。
(The) same.

A：How's work?
B：The same.
A：仕事の調子はどう？
B：同じよ。

だいたい同じです。
About the same.

ふだんと同じです。
Same as usual.

いつもと同じです。
Same as always.

変わりないです

何も変わりないです。
Nothing.

A：What's new, Jim?
B：Nothing.
A：何かあった、ジム？
B：何も変わりないよ。

あまり変わりないです。
Nothing much.

(たいして)変わりないです。
Not (too) much.

特別に何もないです。
Nothing special.

社交の表現

出会いのあいさつ

どうしていましたか

どうしてましたか。
How have you been?
▲「しばらく会わなかったけど、その間お元気でしたか」というニュアンスです。

A：How have you been?
B：I've been doing great. How about you?
A：どうしてましたか。
B：とても元気でした。あなたは？

どうしてましたか。
How have you been doing?
What have you been doing?
▲直訳は「ずっと何をしていたの」
Where have you been?
▲直訳は「（見かけなかったけど）どこに行ってたの」
Where have you been keeping yourself?
▲keep yourself「（ある位置に）とどまる、閉じこもる」。直訳は「（長い間会わなかったけれど）どこに隠れてたの」

久しぶりです

お久しぶりですね。
It's been such a long time.
▲It's been such a long time since I saw you last.「最後に会って以来、長い時が過ぎた」のsince以下が省略された言い回しです。

A：It's been such a long time.
B：It sure has. How have you been?
A：お久しぶりですね。
B：本当ですね。どうしていましたか。

久しぶり。
Long time no see.
▲外国人が間違って使ったカトコト英語が一般化した表現です。親しい人どうしで使います。

 カジュアルな表現  丁寧な表現 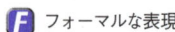 フォーマルな表現

ごぶさたしていました

ごぶさたしてました。
I haven't seen you for a long time.

A：I haven't seen you for a long time.
B：It's been too long.
A：ごぶさたしてました。
B：本当に久しぶりです。

ごぶさたしてました。
It's been ages since I saw you last.
It seems like forever since we last saw each other.

▲It seems like〜「〜のように思えます」。直訳は「この前会ってから永遠の時が過ぎたみたいですね」。ages「長期間」やforever「永遠に」は、英語特有の誇張表現。会わなかったのが数週間から1カ月ぐらいでも使えます。

ずいぶん会いませんでしたね。
It's been quite a while, hasn't it?
▲quite a while「かなり長い間」

また会えてうれしい

また会えてうれしいです。
(It's) good to see you again.
▲出会いの2度目からはmeetではなくseeを使います。「久しぶりに会えてうれしい、懐かしい」という気持ちを伝えたいときの表現です。

A：It's good to see you again.
B：Nice to see you, too.
A：またお会いできてうれしいです。
B：こちらこそうれしいです。

社交の表現

出会いのあいさつ

社交の表現 — 出会いのあいさつ

また会えてうれしいです。
(I'm) happy／glad／to see you again.
(It's) nice to see you again.

▲うれしい気持ちを表すのには、good「良い」のほかにnice「結構な」やhappy「幸せな」もよく用いられます。I'mやIt'sを省略すると、よりくだけた感じになります。

お変わりないですね

全く変わらないですね。
You haven't changed at all.

▲not 〜 at all「全然〜でない」

A：Hi, Sean. Where have you been?
B：Oh, Anne! You haven't changed at all.
A：Neither have you.
A：こんにちは、ショーン。久しぶりね。
B：ああ、アン！ 君は全く変わってないね。
A：あなたも変わりないですね。

あまりお変わりありませんね。
You haven't changed much.

あなたは本当に変わりましたね。
You've really changed.

元気そうですね

とても元気そうですね。
You look great.

A：You look great.
B：So do you.
A：お元気そうですね。
B：あなたも。

元気そうですね。
You look good.

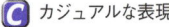 カジュアルな表現    丁寧な表現   フォーマルな表現

別れのあいさつ

さようなら

さようなら。
Good-bye.

▲God be with you.「神様があなたと共にいらっしゃいますように」を短縮した表現です。

A：Good-bye.
B：Bye.
A：さようなら。
B：さよなら。

また今度。
Good-bye for now.

バイバイ。
Bye-bye.

ではさようなら。
So long.

おやすみ

おやすみなさい。
Good night.

▲夜、別れを告げるときや就寝前のあいさつです。

A：Good night, Alice.
B：Night, Bob.
A：おやすみなさい、アリス。
B：おやすみ、ボブ。

おやすみ。
Night.

社交の表現 — 別れのあいさつ

また会うときまで

そのときまで。
Until then.
▲Good-bye until then.「そのときまでさようなら」のGood-byeを省略した表現です。下記の例文の2つも同じです。

A：See you tomorrow. Until then.
B：OK. See you.
A：また明日。そのときまで。
B：ええ、またね。

そのときまで。
Till then.

後でね。
Till later.

またね

またね。
(I'll) see you.
▲また会う予定がある人への別れのあいさつです。I'llを省略すると、よりカジュアルな感じになります。

A：Bye, Anne. See you.
B：I'll see you tomorrow.
A：さよなら、アン。またね。
B：ええ、また明日。

またね。
(I'll) see you again.

また後でね。
(I'll) see you later.

 **Later.**

すぐにね。
(I'll) see you soon.

 カジュアルな表現　　 丁寧な表現　　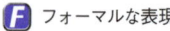 フォーマルな表現

そのときにね。
(I'll) see you then.
▲次に会う日が決まっている相手に使います。直訳は「そのときに会いましょう」

金曜日にね。
(I'll) see you on Friday.

また必ずね

また後で話そうね。
(I'll) talk to you later.

A：Talk to you later.
B：OK. Bye.
A：後で話そうね。
B：ええ。さよなら。

後でつかまえるね。
(I'll) catch you later.

後で確認するね。
(I'll) check with you later.

またそのうちに

またそのうちに。
(I'll) see you sometime.
▲すぐに会う予定がない人への別れのあいさつです。

Note ［必ず会いたいときの「またね」］
再び相手と会う約束があるときは、漠然とSee you.「またね」と言うのではなく、talk「話す」やcatch「捕まえる」、check「確認する」などの言葉を使って、「また会いましょう」という別れの表現を使いましょう。

A：See you sometime.
B：Yes. Good-bye.
A：またそのうちに。
B：そうですね。さようなら。

またその辺で。
(I'll) see you around.
▲勤務先や学校、住居などが近くてよく会う人に対して使います。

近いうちに

近いうちに会いましょう。
I'll be seeing you.
▲seeing継続や進行を意味する進行形を使うと、「会うのが待ち遠しい」という気持ちが入った「会いましょうね」になります。

A：Bye. I'll be seeing you.
B：All right. See you.
A：さよなら。近いうちに。
B：うん、またね。

また近いうちに話しましょう。
I'll talk to you again.

また会えるのを楽しみにしています。
I look forward to seeing you again.
▲look forward to 〜ing「〜するの楽しみに待つ」

近いうちに会おうね。
Be seeing you.

会えて良かった

お会いできて良かったです。
(It was) nice meeting you.
▲「会えてうれしい」という気持ちを伝える丁寧な別れのフレーズです。

A : It was nice meeting you.
B : Nice meeting you, too.
A：お会いできて良かったです。
B：私もです。

また会えて良かったです。
(It was) nice seeing you again.
▲2度目からの出会いには、「会う」という意味の動詞はmeetでなくseeを使います。

お話しできて楽しかったです。
(It's been) nice talking with you.
▲It's been（=It has been）完了形を使うと、ずっと楽しかったというニュアンスが出ます。

お会いできてうれしく思います。
I enjoyed meeting you.

いい〜を過ごしてください

いい一日を。
Have a nice／good／day.
▲「さようなら」と同じように別れのあいさつとして使います。niceとgoodはどちらも「良い、楽しい、快い」という意味です。

A : Have a nice day.
B : Thanks. You, too.
A：いい一日を。
B：ありがとう。君もね。

いい週末を。
Have a nice／good／weekend.

社交の表現

別れのあいさつ

C 楽しんでね。
Have a good one.

楽しんできて

楽しんできてね。
Have fun.
▲これから相手が何か楽しいこと(パーティやレジャー、旅行など)をすると分かっている場合のフレーズ。

A: Have fun.
B: I will, thanks.
A: 楽しんできてね。
B: そうするよ。ありがとう。

楽しい時間を過ごして。
Have a good time.

楽しい旅行を。
Have a nice／good／trip.

楽しんできてね。
Enjoy yourself.
▲enjoy oneself「楽しむ」

元気でね

お元気で。
Take care (of yourself).
▲「身体に気をつけてください」と、相手の体調を気遣うフレーズです。

A: See you later.
B: OK. Take care.
A: またね。
B: ええ、元気でね。

C 気楽にね。のんびりいこう。
Take it easy.
▲親しい者どうしで「さよなら」の代わりに使います。

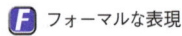

C カジュアルな表現　　**P** 丁寧な表現　　**F** フォーマルな表現

連絡を取りましょう

連絡してください。
Keep in touch.
▲keep in touch「連絡を保つ」

A: Good-bye, Bill. Keep in touch.
B: All right. Good-bye.
A: さようなら、ビル。連絡してね。
B: わかった。さようなら。

連絡してね。
Stay in touch.
▲stay in touch「連絡をし続ける」

たまには手紙をくださいね。
Write me sometime.
Drop me a line sometime.
▲drop a line「短い手紙を書き送る」

社交の表現

別れのあいさつ

Column [自然なあいさつのコツは？]

簡単なようで意外に難しいのがあいさつです。日本語と英語では、ボディランゲージ、間合いなどに違いがあるからでしょう。英語のあいさつでは、相手の目を見ること、名前を呼びかけることが一番のポイントです。また、間を取り過ぎないで、タイミング良く反応することも大切です。あいさつのフレーズは短いセンテンスばかりなので、スラスラ言えるように練習するのが、自然にあいさつする秘訣です。

紹介

社交の表現 / 紹介

紹介を切り出す

マイクを紹介したいのですが。
I'd like you to meet Mike.

▼友達のマイクを祐二に紹介します。

A：Yuji, I'd like you to meet Mike, my best friend.
B：Hi, Mike. I'm Yuji. Nice to meet you.
C：Glad to meet you, too.

A：祐二、親友のマイクを紹介したいのですが。
B：こんにちは、マイクさん。僕は祐二です。会えてうれしいです。
C：僕も会えてうれしいです。

マイクを紹介したいんだけど。

C I want you to meet Mike.
Let me introduce Mike.

マイクに紹介したいのですが。

P I'd like to introduce you to Mike.

婚約者の陽子を紹介してもよろしいですか。

P May I introduce my fiancée, Yoko?

Column [英語圏での紹介の順序]

紹介するときは、目下の人を目上の人に、女性を男性に、身内を外部の人に、先に紹介するのがエチケットです。その際に、自分との関係や共通の話題を簡単に付け加えて、二人がさらに会話を楽しむための糸口（きっかけ）をつくってあげると親切です。

C カジュアルな表現　**P** 丁寧な表現　**F** フォーマルな表現

知り合いかどうか確かめる

お二人は知り合いですか。
Have you met each other?
▲each other「お互いに」

▼紹介する前に、二人が知り合いかを確かめます。

A：Have you met each other?
B：No.
A：二人は前に会ったことある？
B：いいえ。

カレンに会ったことがありますか。
Have you met Karen?

お二人は以前に会ったことがありますか。
Have you two met before?

マイクを知っていますか。
Do you know Mike?

紹介する

ブラウンさん、こちらは鈴木さんです。
Mr. Brown, this is Ms. Suzuki.
▲紹介するときはHe／She／is 〜「彼／彼女は〜です」ではなく、This is 〜「こちらは〜です」を使います。

▼フォーマルな状況での紹介。

A：Mr. Brown, this is Ms. Suzuki. Ms. Suzuki, this is Mr. Brown.
B：Hello, Mr. Brown. I'm pleased to meet you.
A：ブラウンさん、こちらは鈴木さんです。鈴木さん、こちらはブラウンさんです。
B：こんにちは、ブラウンさん。お会いできてうれしいです。

スーザン、こちらはジョン。ジョン、スーザン。
Susan, This is John. John, Susan.

C 陽子さん。マイクを紹介するよ。マイク、陽子さんだよ。
Yoko, meet Mike. Mike, Yoko.

C こちらはジェリー。
Here's Jerry.

紹介してほしいと頼む

ホワイトさんに紹介していただけますか。
Could you introduce me to Ms. White?

▲自分から「紹介してほしい」と頼むときのフレーズです。

▼知人にホワイトさんを紹介してほしいと頼みます。

A：Could you introduce me to Ms. White?
B：Sure.
A：ホワイトさんに紹介していただけますか。
B：いいですよ。

C キムを紹介してよ。
How about introducing me to Kim?

自己紹介を切り出す

初めてお目にかかります。
I don't think we've met before.

▲自分から知らない人に自己紹介するときの言い方です。直訳は「前にお会いしていると思いませんが」

▼知らない相手に自分から自己紹介します。

A：I don't think we've met before. I'm Yosuke Shimada.
B：I've heard a lot about you from Joe.
A：初めてお目にかかります。島田洋介と申します。
B：君のことはジョーからいろいろ聞いてますよ。

前にお会いしましたね。
I think I've met you before.

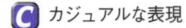

C カジュアルな表現　　**P** 丁寧な表現　　**F** フォーマルな表現

自己紹介させてください。
Let me introduce myself.

自己紹介してもよろしいですか。
May I introduce myself?

初対面のあいさつ

お会いできてうれしいです。
(It's) nice to meet you.
▲初対面の「会う」はseeではなくmeetを使います。会話では文頭のIt'sがよく省略されます。

▼初対面の人とあいさつをします。

A：It's nice to meet you.
B：Nice to meet you, too.
A：お会いできてうれしいです。
B：私もです。

会えてうれしいです。
(I'm) glad to meet you.
(I'm) pleased to meet you.
It's a pleasure to meet you.

初めまして。
How do you do?
▲とてもフォーマルな初対面のあいさつのフレーズ。

Column [名前を覚えよう]

初対面の人と親しくなるコツは、会話のなかで相手の名前を何度も呼びかけることです。名前が聞き取れなかったら、もう一度確認しましょう。聞き慣れない名前は、綴りを教えてもらうと発音しやすくなります。

名前を聞き返す

すみません、名前が聞き取れなかったのですが。
I'm sorry but I didn't catch your name.

▼相手の名前が聞き取れません。

A: My name is Jeffery Hanson.
B: I'm sorry but I didn't catch your name.
A: 私の名前はジェフリー・ハンソンです。
B: すみません、お名前が聞き取れなかったのですが。

名前はどう綴りますか。
How do you spell your name?

ちょっと確認したいのですが、彼の名前はトムでしたよね。
I'd just like to make sure. His name is Tom, isn't it?

▲名前を忘れてしまったら、別の人に名前を聞くのもひとつの方法です。

もう一度、名前を伺ってもよろしいですか。
P **May I have your name again?**

ファーストネームで呼ぶ

マサと呼んでください。
Please call me Masa.

A: Pleasure to see you, Mr. Kimura.
B: Please call me Masa.
A: お会いできてうれしいです、木村さん。
B: マサと呼んでください。

レイって呼んでいいよ。
C **You can call me Rei.**

C カジュアルな表現　　**P** 丁寧な表現　　**F** フォーマルな表現

あなたのことは聞いている

あなたのことはかねがね伺っています。
I've heard a lot about you.
▲a lot「たくさん、いろいろ」

A：I've heard a lot about you.
B：Really?
A：あなたのことはかねがね伺っています。
B：本当ですか？

グリーン氏があなたのことをいろいろ話してくれました。
Mr. Green has told me a lot about you.

あなたの名前はケリーからよく聞いてます。
I hear your name often from Kelly.

お会いするのを楽しみにしていました。
I've been looking forward to meeting you.
▲look forward to ～ ing「～するのを楽しみにする」

Column [名前で呼んで親密度アップ]

気軽にファーストネームで呼んでほしいと促すのは、相手への親しみを表す方法のひとつです。外国人には日本名が発音しにくいことがあるので、ニックネームや短くした名前を教えてあげるといいでしょう。

社交の表現

紹介

お礼

ありがとう

ありがとう。
Thank you.

▼友達がコーヒーを入れてくれました。

A：Here's your coffee.
B：Thank you, Lisa.
A：コーヒーをどうぞ。
B：ありがとう、リサ。

C ありがとう。
Thanks.

どうもありがとう

どうもありがとう。
Thank you very much.

▼新しいジャケットをほめられました。

A：The jacket looks good on you.
B：Thank you very much. I just bought this.
A：そのジャケット、よく似合ってますよ。
B：どうもありがとう。買ったばかりなんです。

Column [TPOに合う「ありがとう」を言おう]

同じお礼を言うのでも、丁重で改まった言い方からカジュアルな表現までいろいろあります。いつでもThank you.で通すのではなく、TPOに応じていろいろな「ありがとう」を使い分けられるようにしましょう。

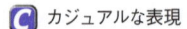

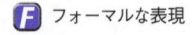

C カジュアルな表現　　**P** 丁寧な表現　　**F** フォーマルな表現

どうもありがとう。
Thank you so much.
C **Thanks a lot.**
▲a lot「たくさん」

C **Thanks a million.**
▲a million「非常に多数の」

心からありがとう。
F **Thank you from the bottom of my heart.**
▲from the bottom of my heart「心の底から」

～をありがとう

手伝ってくれてありがとう。
Thank you for your help.
▲Thank you for ～「～をありがとう」。お礼の内容を具体的に言いたいときのフレーズです。

A：Thank you for your help.
B：You're quite welcome.
A：手伝ってくれてありがとう。
B：どういたしまして。

プレゼントをありがとう。
Thank you for your present.

アドバイスをありがとう。
Thank you for your advice.

時間をさいてくれてありがとう。
Thank you for your time.

いろいろありがとう。
Thank you for everything.

親切にしてくれてありがとう。
Thank you for your kindness.

ほめてくれてありがとう。
Thank you for the compliment.
▲compliment「賛辞」

待っていてくれてありがとう。
Thank you for waiting.

電話をありがとう。
Thank you for calling.

（あなたに）感謝します

あなたには本当に感謝しています。
I'm grateful to you.
▲grateful「感謝する、ありがたく思う」。深い感謝の気持ちを表す、丁寧で改まった感じのお礼です。

A：I'm grateful to you.
B：Don't mention it.
A：深く感謝しています。
B：どういたしまして。

（事柄に）感謝します

感謝します。
I appreciate it.
▲appreciateという動詞は、thankのように人(you)に対して感謝するのではなく、相手の助け(your help)や親切(your kindness)など、相手のしてくれた行為や事柄に対して感謝するという意味です。

▼仕事を手伝ってくれた事へお礼を言います。

A：Let's call it a day.
B：Thank you for helping. I appreciate it.
A：今日はこの辺で終わりにしましょう。
B：手伝ってくれてありがとう。感謝するわ。

ご親切に感謝します。
I appreciate your kindness.

手助けに感謝します。
I appreciate your help.

C カジュアルな表現　　**P** 丁寧な表現　　**F** フォーマルな表現

ありがたく思います。
I'm much obliged to you.
▲be obliged to ～「～に感謝する」

ご親切に

ご親切に。
That's very kind of you.
▲知らない人に親切にしてもらったときのフレーズ。知人・友人へはkindではなくniceを使います。

A：Can I carry your suitcase?
B：That's very kind of you. Thank you.
A：スーツケースを運びましょうか。
B：ご親切に。ありがとう。

ご親切にありがとう。
That's very nice of you.

なんて親切なんでしょう。
How kind of you.
▲年配の人がよく使うフレーズ。

お気遣いありがとう。
That's very thoughtful of you.
▲thoughtful「思いやりがある、心配りがある」

助かりました

助かりました。
You've been very helpful.

A：You've been very helpful.
B：My pleasure.
A：とても助かりました。
B：どういたしまして。

とても助かりました。
You've been a big／great／help.
▲bigは質量ともに「大きい」という意味。greatは驚嘆の意味をこめて「大きい」と言いたいときに使います。

お礼の言いようがない

お礼の言いようがありません。
I can't thank you enough.

A：I can't thank you enough.
B：That's all right.
A：お礼の言いようがありません。
B：いいんですよ。

P どんなに感謝しているか言い表せないです。
I can't express how grateful I am.
▲express「表現する」

P どう感謝を言い表したらいいのかわかりません。
I don't know how to express my gratitude.

気を使わないで

そんなに気を使わないでください。
You shouldn't have.

▲直訳は「あなたはそれをするべきではなかった」。You shouldn't have.でもOK。予期しない人から高価な贈り物をもらったときなどに使います。

▼思いがけない人からおみやげをもらいました。

A：This is something for you.
B：What a beautiful scarf! You shouldn't have.
A：これはあなたへのプレゼントです。
B：何て綺麗なスカーフ！　こんな事をしてくれなくていいのに。

そんなことをする必要はないんですよ。
You don't have to do this.
▲don't have to ～「～する必要はない」

C カジュアルな表現　　**P** 丁寧な表現　　**F** フォーマルな表現

どういたしまして

どういたしまして。
You're welcome.

A：Thank you, John.
B：You're welcome.
A：ありがとう、ジョン。
B：どういたしまして。

大丈夫ですよ。
That's OK／all right／.
▲OKのほうがカジュアルな言い方。

いいんですよ。
Sure.

(そうすることが)私の喜びです。
(It's) my pleasure.

お礼にはおよびません

お礼にはおよびません。
Don't mention it.
▲mention「～を述べる」。直訳は「それを言わないで」。it(それ)は相手が言ったお礼の言葉を指しています。

A：Thanks for the ride.
B：Don't mention it.
A：車で送ってくれてありがとう。
B：お礼にはおよびませんよ。

心配しないで。
Don't worry about it.

たいしたことではないです。
Forget (about) it.

社交の表現

お礼

社交の表現

お礼

何でもないと答える

何でもないことです。
Not at all.

A：Thank you so much.
B：Not at all.
A：どうもありがとう。
B：どうってことないよ。

問題ないです。
No problem.

とるに足らないことです。
It was nothing.

役に立ってうれしい

お役に立ててうれしいです。
I'm glad I could help.

A：Thank you. I appreciate it.
B：I'm glad I could help.
A：ありがとう。感謝します。
B：お手伝いできてうれしいです。

気に入ってくれてうれしいです。
I'm glad you like it.
▲プレゼントや案内などを相手が喜んでくれたときに言います。

C カジュアルな表現　　**P** 丁寧な表現　　**F** フォーマルな表現

お詫び

失礼

失礼。
Excuse me.
▲小さな失敗やエチケットに反することをした場合に使います。

▼隣の人の足を踏んでしまいました。

A：Ouch!
B：Oh, Excuse me.
A：いたい！
B：あっ、失礼。

ごめん。
Sorry.

失礼しました。
Pardon me.
I beg your pardon.
▲上記2つのフレーズを「失礼」という意味で使う場合は、語尾を下げ調子で言います。

ごめんなさい

ごめんなさい。
I'm sorry.

Column ［謝罪は具体的に］

失敗や過ちを詫びるときは、ただ「ごめんなさい」と言うだけでは、誠意が十分伝わりません。何に対して申し訳なく思っているのか、また、なぜそうなってしまったのか理由をきちんと説明することが大切です。

社交の表現 — お詫び

▼カップを壊してしまったことを謝ります。

A : I'm sorry I broke your cup.

B : That's OK.

A：ごめんなさい。カップを壊してしまいました。
B：いいんですよ。

本当にごめんなさい。
I'm very sorry.

▲sorryを強める言葉としてはveryのほかに、so「とても」／really「本当に」／awfully「ひどく」／terribly「すごく」があります。

遅れてごめんなさい。
I'm sorry I'm late.

待たせてごめんなさい。
I'm sorry to keep you waiting.

迷惑をかけてごめんなさい。
I'm sorry to have troubled you.

悪かった

悪かった。
(I'm) sorry about that.

▲さほど重大でない失敗やミスを謝るためのフレーズです。文頭のI'mを省略すると、軽い感じになります。

▼電話をするのを忘れたことを謝ります。

A : You were supposed to call me yesterday.

B : Sorry about that. I forgot.

A：昨日、電話をくれることになってたよね。
B：悪かったね。忘れてた。

間違えて悪かった。
(I'm) sorry about my mistake.

うるさくして悪かった。
(I'm) sorry about all that noise.

C カジュアルな表現　　**P** 丁寧な表現　　**F** フォーマルな表現

すまなく思う

すまなく思ってます。
I feel bad about it.
▲I feel ～「～と感じる、思う」

A：You stood him up yesterday, didn't you?
B：I feel bad about it.
A：昨日、彼のことすっぽかしたでしょう？
B：悪いと思ってるわ。

気がとがめています。
I feel guilty about it.
▲guilty「罪の自覚がある」

丁重に謝る

申し訳ありません。
I apologize.
▲日本語でも上司や目上の人に対して謝るときは「ごめん」とは言いませんね。apologizeは会社など改まった場での謝罪や、目上の人に対して、礼儀正しく謝罪するときに使います。

▼書類のミスを上司に謝ります。

A：It was my mistake. I apologize.
B：Please be more careful next time.
A：私のミスでした。申し訳ありません。
B：次はもっと注意してくださいね。

本当に申し訳ありません。
I really do apologize.
▲really「本当に」。doは「強調のdo」。謝罪の気持ちを強調するためにつけます。

まことに申し訳ありませんでした。
Please accept my apologies.
▲直訳は「私の謝罪を受け入れてください」

社交の表現

お詫び

非を認める

私のミスです。
It was my mistake.

▼自分が悪いと謝ります。

A：Sorry. It was my mistake.
B：Don't worry about it.
A：ごめんなさい。私のミスです。
B：心配しないで。

私が間違っていました。
I was wrong.

私の責任です。
I'm the one to blame.
▲be to blame (for 〜)「(〜に対して)責任がある」

私の失敗です。
It was my fault.

私の不注意でした。
It was careless of me.

許しを請う

許してください。
Please forgive me.
▲全面的に自分の非を認めて、相手の許しを請う謝罪のフレーズです。

A：Please forgive me.
B：That's all right. Don't worry about it.
A：許してください。
B：いいんだよ。心配しないで。

私の謝罪を受け入れてください。
Please accept my apology.

失言を謝る

傷つけるつもりはなかったんです。
I didn't mean to hurt you.
▲mean to〜「〜するつもりで言う」

A：I didn't like your remarks.
B：I didn't mean to hurt you.
A：そんなこと言ってほしくなかった。
B：君を傷つけるつもりはなかったんだ。

あなたの気持ちを傷つけるつもりはなかった。
I didn't mean to hurt your feelings.

そんなつもりで言ったのではありません。
That's not what I meant.

謝罪に答える

大丈夫ですよ。
That's all right／OK／.
▲OKのほうがカジュアルな言い方。

A：I'm sorry, Ken.
B：That's all right.
A：ごめんなさい、ケン。
B：大丈夫ですよ。

心配しないで。
Don't worry about it.

謝る必要はありませんよ。
© **Don't be sorry.**

気にしないで。
© **Never mind.**

もういいよ。
© **Forget it.**
▲forgetは「忘れる」という意味。相手のミスや過ちを「忘れていいよ」と、許す表現です。

社交の表現

お詫び

お祝を言う

おめでとう

おめでとう。
Congratulations.
▲日本語の「おめでとう」はあらゆる慶事に使うことができますが、Congratulations.は個人が努力して成し遂げたことに対するお祝いの言葉として使います。お正月やクリスマスなどの行事のあいさつには用いません。

▼就職が決まったお祝いを言います。

A：I finally got a job.
B：Congratulations! I'm happy for you.
A：ようやく仕事が決まったよ。
B：おめでとう！　よかったね。

卒業おめでとう。
Congratulations on your graduation.
▲Congratulations on 〜「〜をおめでとう」

昇進おめでとうございます。
P **I'd like to congratulate you on your promotion.**

お祝いの言葉をありがとうございます。
It's nice of you to say so.
P **How kind of you to say so.**
▲お祝いの言葉への返答です。

行事や記念日を祝う

新年おめでとう。
Happy New Year!
▲Happy New Year.は「良いお年をお迎えください」という意味。日本語の「新年おめでとう」とは異なり、年末から使うことができますが1月2日以降は使わないので注意。

C カジュアルな表現　　**P** 丁寧な表現　　**F** フォーマルな表現

▼新年のあいさつをします。

A：Happy New Year!

B：Thanks. Same to you.

A：新年おめでとう！
B：ありがとう。あなたもね。

▲クリスマスや新年など行事のお祝いを言われたときの返答には、You, too.「君もね」／Same to you!「君も同様にね」などがあります。

誕生日おめでとう！
Happy birthday!

記念日おめでとう！
Happy anniversary!

楽しい休暇を！
Happy holidays!
▲感謝祭やクリスマスのような長い休みのときに使います。

クリスマスおめでとう。
Merry Christmas.
I hope you have a wonderful Christmas.

Column [宗教的行事に気配りを]

クリスマスを祝うのはキリスト教徒だけ。相手の信仰する宗教がキリスト教以外の場合はHappy holidays.を使うのが一般的です。

すごいね

すごいね。
That's great.

A：I got accepted to Harvard.
B：That's great!
A：ハーバード大学に合格したよ。
B：それはすごいね！

それは素晴らしいね。
C
That's wonderful.
That's fantastic.
▲fantastic「すごい、素晴らしい」という意味の口語表現。

よかったね。
C
Good for you.
I'm happy for you.
▲be happy for〜「〜に喜んでいる、満足している」

わくわくしてるだろうね。
You must be excited.
▲must be〜「〜に違いない」

ご両親も喜んでるでしょうね。
Your parents must be proud of you.
▲be proud of 〜「〜を自慢に思う」

C カジュアルな表現　　**P** 丁寧な表現　　**F** フォーマルな表現

お悔やみ

お悔やみを言う

お父さんが亡くなったと聞いて残念に思います。

I'm sorry to hear about your father's death.

A: I'm sorry to hear about your father's death.
B: Thank you for your concern.
A:お父さんが亡くなったと聞いて残念に思います。
B:ご心配ありがとう。

お父さんのことは残念だったね。
Too bad about your father.

お悔やみを申し上げます。
I'd like to express my condolences.
▲condolences「(複数形で)お悔やみ、弔意」

私からのお悔やみをお受けください。
My condolences.
Please accept my condolences.

同情する

気持ちはわかります。

I know how you feel.

▼父を亡くした友を慰めます。

A：I miss my father.
B：I know how you feel.
A：父がいなくなって寂しいの。
B：気持ちはわかるわ。

社交の表現

お悔やみ

社交の表現

お悔やみ

大変だったでしょうね。
That must be tough.

P どれほど大変だったかお察しします。
I can imagine what you're going through.
▲what you're going through「あなたが経験した事柄」

元気づける

あまり気を落とさないようにね。
Try not to be so depressed.

▼ペットを亡くした友を励まします。

A：My cat is missing.
B：Try not to be so depressed.
A：飼い猫がいなくなったんだ。
B：あまり気を落とさないようにね。

がっかりしないで。
Don't be discouraged.

C 元気を出して。
Cheer up.

力になると言う

助けが必要なら、知らせてください。
If you need any help, please let me know.

▼相手をいたわる言葉をかけます。

A：If you need any help, please let me know.
B：Thank you for your concern.
A：助けが要るなら知らせてね。
B：ご心配ありがとう。

私が必要なら、いつでも電話をください。
Please call me anytime if you need me.

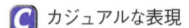

C カジュアルな表現　　**P** 丁寧な表現　　**F** フォーマルな表現

つきあいの表現

- *Greetings Plus*
- *Communication*
- *Self Introductions*
- *Five Senses*
- *Feelings*
- *Beliefs and Opinions*

誘う

予定を尋ねる

今日の午後は予定がありますか。

Do you have plans for this afternoon?

▲近い未来のことは、現在形や現在進行形を使って尋ねることができます。

A: Do you have plans for this afternoon?
B: Yes. I'm going shopping.
A: 今日の午後は予定がある?
B: ええ。買い物に行くの。

▲予定がないときは、Nothing special.「特別に何もない」、Not in particular.「特にない」と答えます。

明日は何をする予定ですか。
What are you going to do tomorrow?

土曜日は予定がありますか。
Do you have anything to do this Saturday?

この週末は、どんな予定ですか。
What are your plans for this weekend?

今夜は何かする予定?
C Are you doing anything tonight?

暇かどうか尋ねる

土曜日は暇ですか。

Are you free this Saturday?

A: Are you free this Saturday?
B: Sort of. Why?
A: 土曜日は暇?
B: まあね。なぜ?

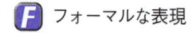

C カジュアルな表現　　**P** 丁寧な表現　　**F** フォーマルな表現

▲Sort of.はI'm sort of free.の略。イエス・ノーをはっきり言いたくないとき、「ちょっとね。多少はね」と返答をあいまいにできる便利な表現です。Kind of.と言っても同じです。

この週末は忙しいですか。
Are you busy this weekend?

いつなら暇ですか。
When are you free?

食事に誘う

今晩、夕食を一緒に食べませんか。
Would you like to go out for dinner tonight?
▲Would you like to ～?「～したいですか」は、相手や状況を選ばず安心して使える丁寧なフレーズ。

A：Would you like to go out for dinner tonight?
B：Sure. I'd like that.
A：今晩、夕食を一緒に食べに行きませんか。
B：もちろん。そうしたいわ。

何か食べに行きましょう。
Let's get something to eat.
▲Let's ～「～しましょう」を使うと、強めに誘っている感じになります。

今週いつか夕食をごちそうするよ。
Let me treat you to dinner one night this week.
▲treat「もてなす」。Let me ～「私に～させてください」とちょっと下手に出ている感じの誘いです。

昼食でもどう？
How about lunch?

昼ご飯にしましょうか。
Would you care to have lunch?
▲Would you care to ～?「～なさりたいですか」。Would you like to ～?よりもフォーマルな感じになります。

つきあいの表現

誘う

F 来週、夕食に招待したいのですが。
I'd like to invite you to dinner next week.

飲みに誘う

仕事の後でビールでもどう?
How about a beer after work?
▲How about ~? 「~はどう? ~はいかが?」と、気軽な感じで提案するフレーズ。

A: How about a beer after work?
B: Sounds great!
A:仕事の後でビールでもどう?
B:いいね!

飲み屋に寄っていこうよ。
Why don't we stop by a bar?
▲stop by「立ち寄る」

C ビールを飲むっていうのはどう?
What do you say to having a beer?
▲What do you say to ~?「~するのを君は何と言う?」と、相手の意向を尋ねるカジュアルな誘いの表現です。

P 一杯つきあっていただけないでしょうか。
I was wondering if you'd like to join us for a drink.
▲I was wondering if you'd like to ~「あなたが~したいかもしれないと思っていたのですが」は、とても丁寧な誘いの表現です。

レジャーに誘う

映画を見に行かない?
Do you want to go see a movie?

A: Do you want to go see a movie?
B: Sure.
A:映画を見に行かない?
B:いいよ。

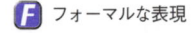

C カジュアルな表現   **P** 丁寧な表現   **F** フォーマルな表現

泳ぎに行きませんか。
Why don't we go swimming?
▲Why don't we ～?「なぜ～しないのですか。(～しましょうよ)」という反語的な表現。

私たちスキーに行くんだけど。来る?
We're going skiing. Do you want to come?

日曜日にテニスをやりましょう。
Let's play tennis this Sunday.
▲Let's ～「～しましょう」は、積極的な気持ちで誘うときの言い方です。

P ボーリングに行くというのはいかがですか。
How would you like to go bowling?

F コンサートに行きませんか。
I was wondering if you'd like to go to a concert.

誘いを受ける

はい。そうしたいです。
Yes. I'd like to.
▲丁寧に誘いを承諾する表現です。女性はI'd love to.もよく使います。

A：Would you like to play tennis tonight?
B：Yes. I'd like to.
A：今夜、テニスをしませんか。
B：ええ。やりたいです。

もちろん。
Sure.
Why not?
▲積極的にOKしたいときの返答です。Why not?は、「なぜ、だめなのですか?(もちろんいいです)」という意味の反語的表現。

私はいいですよ。
That's fine (with me).

いい考えだね!
That's a good idea!
C **Good idea!**

はい、そうしましょう。
Yes, let's.
▲Let's〜.での誘いに対する返答です。

C いいですよ。
All right.／OK.
▲軽い感じで「いいよ」とOKする場合に使う返事です。OK.のほうがカジュアルです。

それはいいですね。
That sounds good (to me).
C **Sounds good (to me).**
▲誘いに乗り気なことを示す返事です。Sounds great.「すごくいいね」もよく使います。

P 喜んでお受けします。
I'd be happy to.
▲「ぜひそうしたい」という感じのwouldを使った丁寧な返事です。このほかにI'd be glad to.「喜んで」もよく使われます。

一般的な断り方

すまないけどできません。
I'm afraid I can't.

A: Can you come to the party on Saturday?
B: I'm afraid I can't. I'm going away for the weekend.
A：土曜日のパーティに来られる？
B：悪いけど行けないよ。週末はいないんだ。

残念だけどできません。
I'm sorry, but I can't.

C 残念だけど、その日はスキーに行くんだ。
Sorry, but I'm going skiing that day.
▲Sorry, but 〜の後に、断る理由を述べます。

C 今回はやめておきます。
Maybe not this time.

C カジュアルな表現　**P** 丁寧な表現　**F** フォーマルな表現

つきあいの表現　誘う

はっきり断る

絶対だめです。
Absolutely not.

▲断固としてNo.の意思表示をしたいときに使います。言い方次第では非常にぶしつけに聞こえるので、ストレートに断っても支障がない相手や状況で使ってください。

A：Do you want to play video games?
B：Absolutely not!
A：ファミコンやらない？
B：絶対やりません！

だめ。
No.
Nope.
▲No.の口語表現です。

とんでもない、だめです！
No way!

丁寧に断る

喜んでそうしたいのですが、だめなんです。
I'd like to, but I can't.

Note [断るときの心配り]

誘いを受けるよりも断るほうが気を使うものです。いきなりNo.と言ったら、相手も気を悪くするでしょう。I'm sorry.／Sorry.「残念だけど、ごめんね」か、Thank you for asking me.やI'd happy to 〜／I'd like to 〜「誘ってくれてありがとう。本当はOKしたいんだけど」と、ひと言前置きしてから断りのフレーズを言いましょう。

つきあいの表現

誘う

つきあいの表現

誘う

A：We're going out for a drink. Would you like to join us?
B：I'd like to, but I can't. I have to work late tonight.
A：これから飲みに行くんですけど、一緒に行きませんか。
B：喜んで行きたいのですが、だめなんです。今夜は残業しなくてはなりません。

そうしたいのですが、できません。
🅟 **I'd like to, but I can't.**
▲「誘いを受けたいのだけど…」と述べてから断る表現です。

誘ってくれてありがとう、でももう予定があるんです。
🅟 **Thank you for asking, but I already have plans.**
▲Thank you for asking, but 〜は誘ってくれたことへのお礼を述べてから、断る理由を言う言い方です。

代案を言う

その代わりにピザはどう？
How about a pizza instead?
▲instead「代わりに」

A：Let's go out for Chinese food.
B：I don't feel like it. How about a pizza instead?
A：中華料理を食べに行こうよ。
B：中華っていう気分じゃないな。代わりにピザはどう？

家にいるほうがいいです。
I prefer staying home.
▲prefer「〜のほうを好む」

それよりスケートに行きたいです。
I'd rather go skating.
▲rather「むしろ、どちらかと言えば」

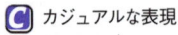

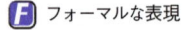

🅒 カジュアルな表現　　🅟 丁寧な表現　　🅕 フォーマルな表現

返事を保留する

考えておきます。
I'll think about it.
▲日本語で「考えておく」と言うと、暗に断っている場合が多いのですが、英語では文字通り返答の保留になります。

A：Why don't we go for a day trip to Kyoto?
B：I'll think about it.
A：日帰りで京都へ行かない？
B：考えておくね。

予定をチェックさせて。
Let me check my schedule.

ひと晩、考えさせてもらえる？
Can I sleep on it?
▲sleep on it「ひと晩寝て考える」

また誘ってほしいと言う

また誘ってくれますか。
Can I have a rain check?
▲もともとrain checkは、野球など戸外で行う試合や競技が雨で中止になったときに発行される「順延切符」のことです。ここから「招待や誘いを次の機会まで延期してもらう」という意味で使われるようになりました。

A：You can't make it? That's too bad.
B：Can I have a rain check?
A：来られないんだ。残念ね。
B：また誘ってくれますか。

また今度にしましょう。
Let's make it some other time.
Some other time.

別の日にしていただけますか。
Would it be possible to plan it for another day?

待ち合わせの約束

相手の都合を聞く

いつが都合がいいですか。
When is convenient for you?
▲convenient「都合がよい」

A: When is convenient for you?
B: How about next Friday?
A: OK. Fine.
A：いつが都合がいいですか。
B：次の金曜日はどう？
A：わかった。いいよ。

何時がいいですか。
What is a good time for you?

日曜日は都合がいいですか。
Is Sunday convenient for you?

明日はひまですか。
Are you free tomorrow?

P どの日がいちばんいいですか。
Which day would suit you best?
▲suit「〜に好都合だ」

C 日曜日に会える？
Can I see you on Sunday?

C 日曜日は大丈夫ですか。
Is Sunday all right／OK／?
▲OKのほうがカジュアルです。

C カジュアルな表現　　**P** 丁寧な表現　　**F** フォーマルな表現

日時を決める

5月10日の11時頃はいかがですか。
How about May 10th around 11 o'clock?
▲How about ～ ？「～はいかがですか。どうですか」と提案するためのフレーズです。

A：When is good for you?
B：How about May 10th around 11 o'clock?
A：いつがいい？
B：5月10日の11時頃はいかが？

日曜日は大丈夫でしょう。
Sunday will be all right／OK／.
▲OKのほうがカジュアルです。

10時のほうがいいです。
I prefer ten.

ⓒ 来週ではどう？
What about next week?

明日がいいです。
Tomorrow is fine (with me).
ⓒ **Tomorrow is good (for me).**

ⓒ 5時にしましょう。
Let's make it five.

早／遅／すぎます。
It's too early／late／.

いつでもかまわない

いつでもいいよ。
Whenever.

つきあいの表現

待ち合わせの約束

A：What time shall I come over?
B：Whenever.
A：君のところに何時に行ったらいい？
B：いつでもいいよ。

どの日でも大丈夫。
Any day is fine.

何曜日でもいいよ。
Any day of the week is okay.

あなたが時間のあるときに。
When you have time.

7時以降なら何時でもいいよ。
Anytime after seven o'clock.

土曜日以外ならいつでもいいよ。
Any day except Saturday.

5月10日より前ならいつでもいいよ。
Any day before May 10th.

場所を決める

どこで会う？
Where shall we meet?

A：Where shall we meet?
B：How about Moonbucks in Ginza?
A：どこで会う？
B：銀座のムーンバックスはどう？

どこにスケートに行きましょうか。
Where shall we go skating?

ヒルトンホテルではどう？
What about the Hilton Hotel?
▲What about～？「～はいかがですか。どうですか」

私のオフィスで会おう。
Meet me at my office.
▲指示のニュアンスの命令文。同等、または目下の人に対して使ってください。

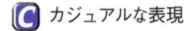

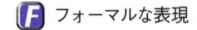

C カジュアルな表現   P 丁寧な表現   F フォーマルな表現

相手に任せる

あなたに任せます。
I'll leave it up to you.
▲up to〜「〜次第」

A：Where shall we meet?
B：I'll leave it up to you.
A：どこで会う？
B：君に任せるよ。

あなた次第です。
(It's) up to you.

それはあなたが決めて。
You decide.

あなたが選んで。
You choose.

予定を変更するとき

何かあったら電話して。
If something comes up, give me a call.

A：If something comes up, give me a call.
B：OK. I will.
A：何かあったら電話をちょうだい。
B：わかった。そうするよ。

都合が悪くなったらEメールで知らせて。
If you can't make it, let me know by e-mail.

予定を変更したら、この番号に電話して。
If your plans change, call this number.

訪問・招待

歓迎する

来てくれてうれしいです。
I'm glad you could come.
▲ホストがゲストに言うフレーズ。出迎えるとき・見送りをするとき、どちらにでも使えます。

A：Hi, Mary!
B：Welcome! I'm glad you could come.
A：こんにちは、メアリー！
B：ようこそ！　来てくれてうれしいわ。

我が家へようこそ。
Welcome to our house.

来てくれてうれしいです
How nice of you to come!
C **Good to have you here.**

訪問できてうれしい

来られてうれしいです。
I'm so glad I came.
▲ゲストが言うフレーズです。

A：Thank you for coming all this way.
B：I'm so glad I came.
A：わざわざ来てくれてありがとう。
B：来て良かったです。

来られてうれしいです。
I'm glad to be here.
I'm happy to be here.
▲glad「うれしい」、happy「幸せな」

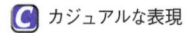

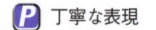

C カジュアルな表現　　P 丁寧な表現　　F フォーマルな表現

家に迎え入れる

どうぞお入りください。
Please come in.
▲家や部屋に招き入れるときの表現です。

A：Hello, Jane.
B：Hello, Mrs. Smith. Please come in.
A：こんにちは、ジェーン。
B：こんにちは、スミス夫人。どうぞお入りください。

C 入って。
Come on in.

足下に気を付けて。
Watch your step.

コートをお預かりしましょう。
Let me take your coat.

手みやげを渡す

これはあなたにです。
Here's something for you.

A：Here's something for you.
B：Oh, thank you. May I open it?
A：これはあなたにです。
B：あら、ありがとう。開けてもいいですか。

C これはあなたにです。
This is for you.

C この花はあなたにです。
I brought these flowers for you.
▲直訳は「あなたのためにこの花を持ってきました」

つきあいの表現　訪問・招待

つきあいの表現 — 訪問・招待

お座りください

どうぞお座りください。
Please have a seat.

▼来客に座るよう促します。

A：Please have a seat.
B：Thank you.
A：どうぞお座りください。
B：ありがとう。

どうぞお座りください。
Please take a seat.
▲take a seat「席につく」
Would you like to sit down?

くつろいでもらう

ゆっくりしてください。
Make yourself at home.
▲直訳は「自分自身を自宅にいるようにさせてください」。つまり「くつろいでください」という意味になります。

A：Make yourself at home.
B：Thank you.
A：ゆっくりしてね。
B：ありがとう。

どうぞ遠慮せず楽にしてください。
Please feel free to make yourself at home.
▲feel free to ～「遠慮せず～する」

住まいをほめる

あなたの家が気に入りました。
I like your house.
▲I like ～「私は～が好きです」と言うのが英語ではほめ言葉になります。女性はI love ～もよく使います。

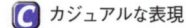

C カジュアルな表現　　**P** 丁寧な表現　　**F** フォーマルな表現

A：I like your house.

B：Thank you.

A：あなたの家が気に入りました。
B：ありがとう。

美しいお庭ですね。
You have a beautiful garden.

何て素敵な絵でしょう！
What a lovely drawing!

飲食物を勧める

何か飲物はいかがですか。

Would you like something to drink?

A：Would you like something to drink?

B：Yes, please.

A：何か飲み物はいかがですか。
B：はい、お願いします。

何か食べ物を持ってこようか？
Can I get you something to eat?

ワインでもいかがですか。
How about a glass of wine?

席をはずす

失礼。
Excuse me.

▲テーブルや席を離れるときは「失礼」と周りの人に声をかけるのがエチケットです。

A：Excuse me.

B：Sure.

A：失礼。
B：ええ。

ちょっと失礼します。
Excuse me for a moment.
▲for a momentのほかにfor a second、for a minuteもよく使います。どれも「ちょっと、少しのあいだ」という意味です。

失礼させてもらえますか。
Will you excuse me?

家の人に許可を求める

お手洗いを借していただけますか。
May I use the bathroom?
▲英語で「お手洗いを借りる」は、use the bathroom「お手洗いを使う」と表現します。

A：May I use the bathroom?
B：Sure. Do you know where it is?
A：お手洗いを借していただけますか。
B：どうぞ。どこかわかりますか。

車を家の前にとめてもいいですか。
Is it okay to park my car in front of your house?
▲in front of ～「～の前に」

タバコを吸ってもいいですか。
Would you mind if I smoke?
▲答えはYesが「すったらだめ」、Noは「かまわない」と、通常の疑問文と反対になるので注意。

Column [遠慮しないで]

欧米人宅への訪問をエンジョイするコツは、遠慮せずにもてなしを受けることです。「飲み物や食べ物はいかが？」と聞かれたら、素直にYes.／No.や自分の好みを伝えましょう。英語圏では客の意向を大切にすることが最高のおもてなし。あなたがのびのびと振る舞ってくれることは、ホストにとってもうれしいことなのです。

C カジュアルな表現　　P 丁寧な表現　　F フォーマルな表現

P 電話を使ってもいいですか。
May I use your phone?

さよならを切り出す

そろそろ失礼します。
I'd better be going now.

▲I'd better＝I had better「私は〜したほうがいい」。be going進行形を使うと、帰るためにそろそろ腰が上がりつつある感じがでます。

A：It's almost seven! I'd better be going now.
B：Can't you stay a little longer?
A：もう7時！　そろそろ失礼します。
B：帰るの？　もう少しいられないの？

もう帰る時間です。
It's time to go now.

そろそろ失礼します。
I have to be going now.
C **I've got to be going now.**

▲have got toはhave to「〜ねばならない」の口語表現です。

F 残念ですが、もう失礼しなければなりません。
I'm afraid I must be going now.

▲mustを使うと固い感じになります。

訪問が楽しかったと言う

楽しい時間が過ごせました。
I had a good time.

▲帰り際には「訪問が楽しかった」と招待者に伝えるのがマナーです。goodのほかにwonderful「素晴らしい」や、great「とてもよい」もよく用いられます。

A：I had a good time.
B：I'm glad to hear that.
A：楽しかったわ。
B：それを聞いてうれしいです。

つきあいの表現

訪問・招待

つきあいの表現 / 訪問・招待

たいへんおいしい夕食でした。
The dinner was delicious.

パーティはとても楽しかったです。
I enjoyed the party very much.

楽しい夜をありがとう。
Thank you for a pleasant evening.

再度の訪問を促す

またお寄りください。
Drop by sometime.
▲drop by「立ち寄る」

▼また来てほしいと、来客に言います。

A：Drop by sometime.
B：Thanks. I will. Goodbye.
A：Bye.
A：また来てね。
B：ありがとう。また来るわ。さようなら。
A：さよなら。

わざわざ来てくれてありがとう。
Thank you for coming all this way.

また来てください。
I hope you'll come to see me again.

C **Please come again.**

招いてくれてありがとう。
Thank you for having me.

また来ます。
I'll stop by again.
▲stop by「立ち寄る、訪ねる」

C カジュアルな表現　　*P* 丁寧な表現　　*F* フォーマルな表現

頼み事をする

頼み事を切り出す

頼みがあるんだけど。
Can I ask you a favor?
▲気軽な感じで頼み事を切り出すときの決まり文句です。favorは「親切な行為」という意味で、Can I~?は「~してもいいですか」と許可を求める形の依頼表現です。

A: Can I ask you a favor?
B: Sure. How can I help you?
A:頼みがあるんだけど。
B:いいよ。どんなこと?

頼みがあるのですが。
I have a favor to ask.
- **C** I want to ask you a favor.
- **C** Do me a favor, will you?
- **P** Could you do me a favor?
- **P** I'd like to ask a favor of you.
- **F** I wonder if you could do me a favor.
- **F** May I ask a favor of you?

▲do a favor/ask a favor「願いを聞き入れる」。丁寧さのレベルは下に行くに従って高くなります。

手伝いを頼む

手伝ってもらえる?
Can you help me?
▲Can you~?「~できる?」と、相手が手伝うことが可能か尋ねるカジュアルな表現。CanをCouldにすると、より丁寧になります。

A: Can you help me?
B: Sure. No problem.
A: 手伝ってもらえる?
B: もちろん、いいよ。

手伝ってもらえますか。
P **Would you please help me?**
▲手伝う意志があるかどうか尋ねる表現。

手を借してもらえますか。
P **Could you give me a hand?**
▲give a hand「手をかす」、lend a handと言っても同じ。

時間をとってもらう

少しお時間をもらえますか。
Could you spare me a minute?
▲spare a minute「ちょっと時間を割く」

A: Could you spare me a minute?
B: Just a moment.
A: 少しお時間をもらえますか。
B: ちょっと待ってね。

ちょっと時間がありますか。
Do you have a minute?

時間がありますか。
Do you have time?

ちょっといいかい?
C **Got a minute?**

ちょっとよろしいでしょうか。
P **May I bother you for a moment?**
▲bother「邪魔する、妨げる」

C カジュアルな表現　　**P** 丁寧な表現　　**F** フォーマルな表現

物を借りる

このCDを借りてもいい？
Can I borrow this CD?

A: Can I borrow this CD?
B: Sure. Here you are.
A：このCDを借りてもいい？
B：いいよ。はい、どうぞ。

電話を借りてもいいですか。
Could I use your phone?

車を借りてもいいですか。
Is it all right／OK／to use your car?
▲OKのほうがカジュアルです。

ノートを貸してくれませんか。
Would you lend me your notebook?

日常の用事を頼む

車に乗せてもらえますか。
Can you give me a ride?
▲Can you 〜 ?「〜してくれる？」は、よく知っている人に使うカジュアルな表現です。

A: Could you give me a ride to the station?
B: I'd be happy to.
A：駅まで車に乗せていただけますか。
B：喜んで。

電気をつけてくれる？
Turn on the light, will you?
▲命令形を使った依頼です。最初にpleaseを付けてPlease turn on the light.と言ったり、文末にwill you?「〜ね」と付けると、命令文の強い口調が和らぎます。

郵便受けを見てきてくれる？
Will you go check the mailbox?

つきあいの表現　頼み事をする

つきあいの表現　頼み事をする

待ってもらってもかまわない？
Do you mind waiting for me?

🅟 この手紙を投函してくれますか。
Could you mail these letters?
▲Could you 〜 ?／Would you 〜 ? のcouldやwouldは仮定法。「もし、よろしければ」「もし、ご迷惑でないなら」と相手の意向を尋ねる気持ちがこめられています。「頼み事を受けるかどうかはあなた次第」と、意志決定を相手に任せる表現なので、couldやwouldを使うと丁寧なニュアンスになります。

🅟 食料品の買い出しに行ってもらえるでしょうか。
Do you think you could go grocery shopping for me?
▲Do you think you could 〜 ?「あなたは〜できるだろうと思いますか」。とても丁寧な依頼表現です。

面倒な用事を頼む

私がいない間、ハムスターに餌をあげてもらえますか。
Would you mind feeding my hamster while I'm away?
▲Would you mind 〜ing?「〜するのをかまわないでしょうか」。とても丁寧な依頼表現。

A：Would you mind feeding my hamster while I'm away?
B：OK.
A：私がいない間、ハムスターに餌をあげてもらえますか。
B：いいですよ。

私の家に迎えに来ていただけますか。
Do you think you could pick me up at my house?

パーティに友達を連れていってもかまいませんか。
Would you mind if I brought my friend to your party?
▲Would you mind if I 〜 ?「私が〜してもかまいませんか」。許可を求める文型を使った丁寧な依頼です。

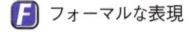

🅒 カジュアルな表現　🅟 丁寧な表現　🅕 フォーマルな表現

指示する

今日、残業してもらえますか。

Do you think you could work overtime today?

▲Do you think you could〜?「〜できるかもしれないと思いますか」。内容は指示ですが、相手への遠慮を感じさせる依頼表現です。

A：Do you think you could work overtime today?
B：Certainly.
A：今日、残業してもらえますか。
B：いいですよ。

この手紙をファックスしてくれる？
Will you fax this letter?

▲Will you 〜?は指示に近い依頼表現です。Can you 〜?と同じような状況で使います。

留守番していただけないでしょうか。
Do you think it would be possible for you to housesit for me?

▲Do you think it would be possible to 〜「〜することを可能かもしれないと思いますか」。主語をyouではなく非人称のitにするとさらに遠回しで丁寧な頼み方になります。

恐縮しながら頼む

ご面倒でなかったら、家まで車で送ってもらえますか。

If it's not too much trouble, could you drive me home?

▲If it's not too much trouble「面倒な事を頼んでいる」と前置きすることで、相手に断る猶予を与えている控えめなニュアンスの依頼です。

つきあいの表現

頼み事をする

A: If it's not too much trouble, could you drive me home?
B: Sure. No problem.
A：面倒でなかったら、家まで車で送ってもらえますか。
B：いいですよ。問題ないですよ。

サンドイッチを買ってきてもらってもかまわないでしょうか。

P **I wonder if you wouldn't mind buying me a sandwich.**

▲I wonder「〜かしら」とif you wouldn't mind「もしあなたが気にしないなら」と、2箇所で遠回しな表現を使っています。非常に遠慮がちで丁寧な依頼表現です。

無理をお願いしているのはわかっているのですが、外出している間、子供の世話をしてもらえますか。

P **I know this is a lot to ask, but would you take care of the kids while I'm out?**

頼み事を承諾する

いいですよ。
Sure.

A: Can I borrow 10 dollars?
B: Sure. As long as you pay me back tomorrow.
A：10ドル貸してもらえる？
B：いいよ。明日、返してくれるならね。

わかりました。
All right.
C **OK.**

喜んで。
I'd be happy to.
F **(It's) my pleasure.**

お引き受けします。
F **Certainly.**

▲Certainly.「かしこまりました、承りました」

C カジュアルな表現　　**P** 丁寧な表現　　**F** フォーマルな表現

頼み事を断る

悪いけどできません。
I'm sorry I can't.

A：Would you help me move this bookshelf?
B：I'm sorry I can't. My back hurts.
A：この本棚を動かすのを手伝ってくれますか。
B：悪いけどできません。腰が痛いんです。

残念だけどできません。
I'm afraid I can't.
C **Sorry I can't.**

喜んでそうしたいのですが、ちょっとできません。
P **I'd like to, but I just can't.**

(頼みを)承諾できたらいいなと思いますが、だめです。
P **I wish I could, but I can't.**

▲I wish I could 〜は事実と反対の願望を述べる仮定法です。現実は依頼をOKできないけれど、そうできたらいいなと思う気持ちを述べているので柔らかな断り方になります。

Column [英語で「丁寧」とはどういうこと?]

日本語でも、頼み事をするときには、相手との親密度や頼み事の内容によって、丁寧さの度合いを使い分けますね。英語で「丁寧さ」を表したいときは、どうしたらいいのでしょうか。まず、遠慮がちにお願いすること。そして、相手に断る余裕を与えるような頼み方にすることです。具体的には、possibly「できることなら」を入れたり、Would you 〜 ?やI was wondering if you could 〜のように、過去形や仮定法を使えば控えめで丁寧なニュアンスになります。

つきあいの表現

申し出る

申し出る

助力を申し出る

手伝いはいりますか。
Do you need some help?

A：Do you need some help?
B：Yes.
A：手伝いはいりますか。
B：はい。

手をかしましょうか。
Let me give you a hand.

お手伝いしましょうか。
Can I help you with that?

何か私にできることはありますか。
Is there something I can do for you?
▲相手から肯定の答が返ってくるのを期待しているときは、疑問文にanythingではなくsomethingを使います。

P お手伝いしましょうか。
Would you like me to help you?
▲Would you like me to 〜 ?「私に〜してほしいですか」は、目下の人が目上の人に対して、何か申し出るときによく使います。

気軽に申し出る

この本、持っていけば。
Take this book.
▲形は命令形ですが、命令のニュアンスはありません。「ほら〜しなよ」という感じで、親しい人に対して何かを勧めるときに使います。

C カジュアルな表現　　P 丁寧な表現　　F フォーマルな表現

A：I have a test tomorrow.

B：Here, take this book.

A：明日、テストなんだ。
B：ほら、この本持っていきなよ。

このCD、聞いてみたら。
Try this CD.

もっと食べて。
Have some more.

私に会いに来てよ。
Come and see me.

いろいろな申し出

風邪薬を持ってきてあげようか。

Can I get you some cold medicine?

▲Can I get you〜?「〜を行って取ってこようか？」と申し出るフレーズです。食べ物や飲み物を「どう？」と勧めるときにもよく使います。

A：It seems like I caught a cold.

B：Can I get you some cold medicine?

A：風邪をひいたみたい。
B：風邪薬を持ってきてあげようか。

このゲームをやらせてよ。
Let me try this video game.

▲Let me 〜は積極的に「私に〜させてよ」と申し出るときのフレーズ。

私がラジオを修理してみようか。
How about letting me repair the radio?

▲直訳は「私に修理させてみてはいかが？」。立場が同等、または目上の人が目下の人に対して使う表現です。

喜んでこの辞書を差し上げます。
I'd be happy to give you this dictionary.

申し出を受ける

はい、お願いします。
Yes, please.

A：Would you like some more?
B：Yes, please.
A：お代わりはいかがですか。
B：はい、お願いします。

いいですね(もらいます)。
Sounds good.

ありがとう。
Thank you.
C **Thanks.**

それはありがたいです。
P **That's very nice of you.**

申し出を断る

けっこうです。
No, thank you.

A：Do you want to join us?
B：No, thank you. Maybe next time.
A：一緒にどう？
B：いえ、けっこうです。次の機会にします。

今回はパスします。
I'll pass this time.

やめておきます。
I'd rather not.

遠慮しておきます。
That's all right.
C **That's OK.**

C カジュアルな表現　**P** 丁寧な表現　**F** フォーマルな表現

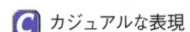

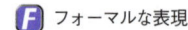

C いや、けっこう。
No, thanks.

P ありがたいのですが、もう予定があります。
Thank you for the offer, but I already have plans.

▲Thank you for the offerの代わりにI appreciate for your offer「申し出に感謝します」もよく使います。

必要ないと断る

その必要はないです。
That's not necessary.

A：I'll do it for you.
B：That's not necessary.
A：私がやりましょうか？
B：その必要はないです。

心配しないでいいよ。
Don't worry about it.

C かまわないでいいよ。
Don't bother.

P 本当にそんなことしなくていいんですよ。
You really don't have to do that.

Note ［申し出を断るときは理由を言う］

丁寧に断るときは、「申し出に対する感謝の言葉＋but＋断る理由」というパターンが一般的です。またNo, thank you.のように、断りのフレーズを先に言うときは、その後でThanks anyway.「とにかくありがとう」、if you don't mind.「あなたがかまわなければ」など、感謝や遠慮の表現を付け足して、相手の申し出に対するお礼の気持ちを伝えましょう。その場合も、断る理由を述べるのを忘れずに。

つきあいの表現　申し出る

忠告・助言

助言がほしいと切り出す

アドバイスしてもらえる？
Can I ask your advice?
▲Can I ～ ?はカジュアルな依頼表現です。

A: Can I ask your advice?
B: Sure. About what?
A: アドバイスしてもらえる？
B: もちろん。何について？

C アドバイスしてくれる？
Can you give me some advice?

意見を聞いていい？
Can I ask your opinion?

意見を求める

どう思いますか。
What do you think?
▲状況を説明した後で、「どう思いますか」と助言を求めるフレーズです。

A: I'm thinking about quitting my job. What do you think?
B: It's up to you.
A: 仕事をやめようかと考えているんだ。どう思う？
B: それはあなた次第よ。

どうしたらいいと思いますか。
What do you think I should do?

あなたの意見は？
What's your opinion?

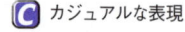

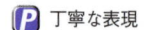

C カジュアルな表現　　**P** 丁寧な表現　　**F** フォーマルな表現

© あなたは何て言う？
What do you say?

℗ あなただったらどうしますか。
What would you do if you were me?

強く忠告する

タバコはやめるべきです。
You should quit smoking.

A: I'm not feeling well lately.
B: You should quit smoking.
A：最近、体調が良くないんです。
B：タバコはやめるべきね。

そんなにお酒を飲まないほうがいいですよ。
Maybe you shouldn't drink so much.
▲最初にmaybe「たぶん」や、probably「おそらく」を付けると語調がやわらかくなります。

体重を減らしたほうがいいよ。
You'd better lose some weight.
▲You'd betterはYou had betterの省略形です。had betterには脅すような強圧的なニュアンスがあります。一般的には、目下のひとや子供に対して使う表現です。

提案する

新しいパソコンを買ったら？
Why don't you get a new computer?

▲Why don't you 〜 ? 直訳は「なぜ〜しないのですか」ですが、疑問の意味はなく、「〜しませんか」という提案のフレーズとして使われています。

A: My computer stopped working again!
B: Why don't you get a new one?
A：またパソコンが動かなくなったわ！
B：新しいのを買ったら？

つきあいの表現　忠告・助言

C もっと大きな車を借りたら？
Why not rent a bigger car?

C あなたに必要なのは、楽しい長い休暇です。
What you need is a nice long vacation.

いちばんいいのは、会議を延期することです。
The best thing is to put off the meeting.

派遣会社に登録することは考えてみた？
Have you thought about signing up with a temp agency?

引っ越しを考えてみましたか？
Have you considered moving out?
▲consider「よく考える」

P 旅行は中止するほうがいいかもしれません。
It might be a good idea to cancel the trip.
▲It might be a good idea to ～「～するのが名案かもしれません」

P 机を整頓したほうがいいんじゃない。
You might want to tidy up your desk.
▲You might want to ～「あなたは～したいかもしれません」と、youを主語にすると押しつけがましくない遠慮がちな感じになります。

相手の立場になる

私だったら、彼にすぐ電話をするでしょう。

If I were you, I'd call him right away.

▲If I were you, I'd ～「もしあなたが私だったら、～するでしょう」は、現実にあり得ないことを言う仮定法です。日常会話では助言や忠告によく使われます。

A：If I were you, I'd call him right away.
B：I see.
A：私だったら彼にすぐ電話するなあ。
B：なるほど。

私があなたの立場だったら、誰にも言わないでしょう。
If I were in your position, I wouldn't tell anybody.

C カジュアルな表現　　**P** 丁寧な表現　　**F** フォーマルな表現

自分について語る表現

- *Greetings Plus*
- *Communication*
- *Self Introductions*
- *Five Senses*
- *Feelings*
- *Beliefs and Opinions*

プロフィール

自分について語る表現 プロフィール

名前

私の名前は木村ひろ子です
My name is Hiroko Kimura.

A：What's your name?
B：My name is Hiroko Kimura.
A：名前を教えてもらえますか。
B：私の名前は木村ひろ子です。

名前を教えてもらえますか。
P **Could I have your name?**

お名前を伺ってもよろしいですか。
P **May I have your name, please?**
▲目上の人や年長者に名前を尋ねるときは、丁寧な表現を使いましょう。

私は木村ひろ子です。
I'm Hiroko Kimura.

あなたの名前／名字／は何ですか。
What's your first／last／name?

名字は木村です。
My last name is Kimura.

ひろ子は名前です。
Hiroko is my first name.
▲Hiroko is〜と主語に自分の名前を持ってくると「ひろ子がファーストネームなんです」と強調しているニュアンスになります。

ニックネームは何ですか。
What's your nickname?

ニックネームはヒロです。
My nickname is Hiro.

どうぞヒロと呼んでください。。
Please call me Hiro.

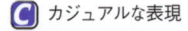

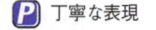

C カジュアルな表現　　**P** 丁寧な表現　　**F** フォーマルな表現

年齢・誕生日

私は25歳です。
I'm 25 years old.
▲years oldは省略可。

A：How old are you?
B：I'm 25 years old.
A：あなたは何歳ですか。
B：25歳です。

誕生日はいつですか。
When is your birthday?

私の誕生日は3月10日です。
My birthday is March 10th.
▲誕生日の日は、first, second, third, fourth…の序数で言います。

何年生まれですか。
When were you born?

1960年生まれです。
I was born in 1960 [nineteen sixty].
▲年号を言うときは2桁ずつ区切って読みます。ただし、2000年はtwo thousand、2001年は[two thousand one]になります。

私は20代前半です。
I'm in my early 20's.
▲20代半ばin mid twenties、20代後半in late twenties

結婚したのはいくつの時ですか。
How old were you when you got married?
▲答えはI was 28.またはI got married at the age of 28.と言います。

自分について語る表現　プロフィール

自分について語る表現 プロフィール

出身地

私は九州出身です。
I'm from Kyushu.
▲from+地名「〜の出身で」

A：Where are you from?
B：I'm from Kyushu.
A：出身はどちらですか。
B：私は九州出身です。

どこで生まれたのですか。
Where were you born?
Where were you originally from?
▲originally「当初は、初めは」

私は東京生まれです。
I was born in Tokyo.
I was originally from Tokyo.
▲originally「当初は、本来は」

どこの国のご出身ですか。
What country are you from?

Column [プロフィールとプライバシー]

欧米では、年齢や身体のサイズ、未婚か既婚か、子供の有無など、プライバシーに関することを会話にとりあげるのを嫌います。どのくらい踏み込んだ話ができるかは、相手との親密度にもよりますが、失礼にならないよう気配りをすることが大切です。ただし、プロフィール関係のフレーズは、海外のホテルやレンタカーのオフィス、学校や病院などで、使うチャンスが結構あります。覚えておくと必ず役に立つでしょう。

C カジュアルな表現　　**P** 丁寧な表現　　**F** フォーマルな表現

住まい

渋谷に住んでいます。
I live in Shibuya.

A：Where do you live?
B：I live in Shibuya.
A：お住まいはどこですか。
B：渋谷に住んでいます。

どんなアパートに住んでいますか。
What type of apartment do you live in?
▲apartmentは、houseに言い換えられます。

ワンルームのアパートに住んでいます。
I live in a studio apartment.
▲studio apartment「1Kバスルーム付きのアパート」

マンションに住んでいます。
I live in a condominium.
▲condominium「分譲形態のマンション」。会話ではcondoと短く言います。

あなたの部屋は何階ですか。
Which floor is your apartment on?

私の部屋は1階にあります。
My apartment is on the first floor.

誰と一緒に住んでいますか。
Who lives with you?

妹と一緒に住んでいます。
I live with my sister.

ひとり暮らしです。
I live by myself.

そこに何年住んでいるのですか。
How long have you been living there?

3年間そこに住んでいます。
I've been living there for 3 years.

自分について語る表現　プロフィール

自分について語る表現　プロフィール

昨年の夏からそこに住んでいます。
I've been living there since last summer.

住所・電話番号など

私の住所は東京都千代田区神保町1-7です。
My address is 1-7 Jinbo-cho, Chiyoda-ku, Tokyo.
▲英語の住所表記は日本と逆で、番地・町名・市区名・都道府県名の順序になります。

A: Would you mind giving me your address?
B: Not at all. It's 1-7 Jinbo-cho, Chiyoda-ku, Tokyo.
A：住所を教えてもらえますか。
B：かまいませんよ。私の住所は東京都千代田区神保町1-7です。

電話番号は何番ですか。
What's your phone number?
▲ファックス番号fax number／携帯電話番号cell phone number／郵便番号zip code

電話番号は03-123-4567です。
My phone number is 03-123-4567.
▲英語で電話番号を言うときは、4567番だったら[four, five, six, seven]のように、数字をひとつひとつ読みます。ハイフンの部分はひと呼吸分のブランクを入れてください。

私の電子メールアドレスはbungei@ma5.ne.jpです。
My e-mail address is "bungei@ma5.ne.jp".
▲電子メールのアドレスを言うときは、文字はアルファベット読み、@はat mark、.はdotと読みます。

どうやってあなたに連絡をとればいいですか？
How can I get in touch with you?
▲get in touch with ～「～と連絡をとる」

C カジュアルな表現　　**P** 丁寧な表現　　**F** フォーマルな表現

自分について語る表現 プロフィール

血液型・星座

私はA型です。
My blood type is A.

A: What's your blood type?
B: My blood type is A.
A: So is mine.
A: 血液型は何型ですか。
B: A型です。
A: 私もそうです。

星座は何ですか。
What's your horoscope sign?

私は魚座です。
My horoscope sign is Pisces.

身体のサイズ

身長は163センチです。
I'm 163 centimeters tall.

▲163は[one hundred and sixty-three]と読みます。

A: How tall are you?
B: I'm 163 centimeters tall.
A: 背はどれくらいですか。
B: 163センチです。

Note [質問は丁寧な言い方で]
名前や住所、電話番号などを尋ねるときは、May I 〜 ?／Could I have 〜 ?／Would you mind 〜 ?など、相手に許可を求める文型を使うと礼儀正しく丁寧になります。What's 〜 ?「〜は何ですか」は、言い方によっては職務質問調になるので、あまりぶっきらぼうに言わないように気を付けましょう。

自分について語る表現　プロフィール

身長はどれくらいですか。
What is your height?
▲height「身長」を主語にした聞き方です。

私の身長は、だいたい163センチです。
I'm about 1 meter and 63 centimeters.
My height is 1.63 meters.
▲1.63は[one point six three]と読みます。

私は女性にしては背が高いです。
I'm tall for a woman.
▲short「背が低い」、medium height「中ぐらいの身長」

体重はどれくらいですか。
How much do you weigh?
▲weigh「〜の重さがある」
What is your weight?

体重は54キロです。
I weigh 54 kilograms.
My weight is 54 kilos.
▲my weight is 〜「私の体重は〜です」

靴のサイズはいくつですか。
What size shoe do you wear?
▲衣類のサイズを聞くときは、shoeをshirt「シャツ」、skirt「スカート」、trousers「ズボン」などに換えて言います。

ふだんは8をはいています。
I usually wear size 8.

Note [計量の単位]

海外には、メートル法以外の計量単位を使っている国が数多くあります。計量を話題にするとき、相手の国で使っている単位に直して話すと親切です。例えば、アメリカでは、長さはフィート・インチ、重さはポンド・オンスが一般的に使われています。

C カジュアルな表現　　**P** 丁寧な表現　　**F** フォーマルな表現

3サイズはいくつですか。
What are your measurements?
▲measurements「複数形でバスト・ウエスト・ヒップの詳しい寸法」のこと。

3サイズは85-60-90です。
My measurements are 85-60-90 centimeters.

それは秘密です。
That's secret.

家族

家族は、妻と二人の息子と私の4人です。

There're four of us-my wife, two sons and myself.

A：How many people are there in your family?
B：There're four of us-my wife, two sons and myself.

A：何人家族ですか。
B：家族は、妻と二人の息子と私の4人です。

Column [どこまでが家族？]

欧米のfamilyは、「婚姻を軸に成立するグループ」と考えられています。つまり、familyとは「夫婦とその子供」までを指し、通常は、同居していても祖父母やいとこなどはfamily memberには含まれません。start a family「家族をスタートする」という表現がありますが、これは「結婚して子供を持つ」ことを意味します。Do you have a family?「家族がいますか」と言うと、間接的に「結婚してますか」と聞いていることになります。

自分について語る表現 プロフィール

私は5人家族です。
We're a family of five.

私の家族は両親と私の3人です。
P
My family is made up of my parents and myself.
▲アメリカ英語では、familyは単数扱いになります。続く動詞も単数にするよう注意してください。be made up ～「～で構成する」は、少し堅い感じの言い方です。

兄弟はいますか。
C
Do you have any brothers and sisters?
Have you got any brothers and sisters?

何人兄弟ですか。
How many brothers and sisters do you have?

兄が二人と妹がひとりいます。
I have two older brothers and a younger sister.

ひとりっ子です。
I'm an only child.

ご両親といっしょに住んでいるのですか。
Do you live with your parents?

一人暮らしです。
I live alone.

Note [兄弟姉妹の区別]

英語には兄・弟・姉・妹を区別する言葉がありません。人間関係において、年齢の上下をさほど重要視しない文化の現れといえるでしょう。区別したい時は、兄や姉はolder「より年上の」またはelder「より年長の」を、弟と妹はyounger「より若い」を付けます。

C カジュアルな表現　　P 丁寧な表現　　F フォーマルな表現

婚約しています。
I'm engaged.

私は(兄弟で)いちばん上／末っ子／です。
I'm the oldest／youngest／.

結婚しています。
I'm married.

姉はまだ独身です。
My sister still remains single.
▲still remain〜「まだ〜のままでいる」

お子さんは？
Do you have any children?
Any kids?
▲kid(s)「子供」child(children)の口語表現。

息子／娘／が3人います。
I have three sons／daughters／.
I have three boys／girls／.

お子さんは何人？
How many children do you have?

高校生の息子が二人います。
I have two sons in high school.

子供はいません。
I don't have any children.

ペットはいますか。
Do you have pets?

犬を飼っています。
I have a dog.

私自身を語る

外見

私は、背が高くやせていて、ショートヘアです。
I'm tall and thin with short hair.

▼面識がない相手と会うので、外見の特徴を尋ねます。

A：How can I find you?
B：I'm tall and thin with short hair.
A：どうやってあなたを見つけたらいいの？
B：私は、背が高くやせていて、髪はショートヘアです。

髪は金髪で目は緑です。
I have blonde hair and green eyes.
▲容姿の特徴は個々の人が所有しているものなので、動詞have「持っている」を使って言い表すことができます。ちなみに、日本人の目はbrown eyes「茶色い目」です。

C 僕はひげがあって、長髪です。
I've got a beard and long hair.
▲I've got 〜はI haveの口語表現です。

Column [物は言いよう]

外見や性格を表す言葉は、その言葉の持つプラスとマイナスのニュアンスまで理解して使うことが大切です。例えば、「やせていること」を言い表すのに、「細い」と「ガリガリ」では、全く受ける印象が違いますね。正しいニュアンスを知らないと、ほめたつもりが実はけなしていた、ということにもなりかねないので注意が必要です。

C カジュアルな表現　**P** 丁寧な表現　**F** フォーマルな表現

私は背が低くて、ちょっと太っています。
I'm short and a bit overweight.
▲a bit「少し」

私は眼鏡をかけています。
I'm wearing glasses.
▲wear「身に付ける」。衣服だけではなく、装飾品や眼鏡などにもwearを使います。

耳にピアスはしてますか。
Do you have pierced ears?

性格

私は、朗らかで外向的だけどせっかちです。
I'm cheerful and outgoing, but hasty.

A：How do you describe your character?
B：I'm cheerful and outgoing, but hasty.
A：自分の性格を言ってみてくれる？
B：朗らかで外向的だけど、せっかちだね。

私は外向的で快活です。
I'm active and lively.
▲「I'm＋性格を表す形容詞」という言い方です。

Column [この性格はポジティブ？ ネガティブ？]

国や文化によって、ある性格の持つイメージや好感度には違いがあります。例えばshy「恥ずかしがり屋」は、欧米ではマイナスのイメージがありますが、日本ではありません。自分の性格を語るときは、相手によい印象を与えるようにしたいもの。巻末に、外見と性格を表す形容詞をポジティブとネガティブに分けて掲載してありますので、参考にしてください。

自分について語る表現　私自身を語る

私は繊細な性格です。
I have a delicate disposition.
▲dispositionは「性格」という意味。I have a ～ disposition.「私は～な性格を持っている」という言い方で使います。～に性格を表す形容詞を入れます。

ちょっと気分屋なときもあります。
I can be a bit moody.
▲can be ～「～になり得る」。いつもではないけれど、時々そうなると言うときに使います。

時々、気短になります。
Sometimes I tend to be impatient.
▲tend to be ～「～の傾向がある」は、ネガティブな性格についてだけ使います。

私はあまり友好的なほうではありません。
I'm not very friendly.
▲not very ～「あまり～ではない」。自他を問わずマイナス面を述べるときは、直接的な表現を避け、否定形を用いて遠回しに述べる傾向があります。例えば、He's rude.「彼は失礼だ」はストレートな表現。これをnot very～を使って婉曲に言うとHe's not very polite.「彼は、あまり礼儀正しくない」になります。

私はいつも冗談を言っています。
I'm always joking.
▲人の性格の顕著な部分は、always ～ing「いつも～している」と言い表すことができます。例えばHe's always complaining.「彼はいつも不平不満を言ってます」

私は真面目なところもあります。
I have a serious side, too.

私たち、性格は正反対なんです。
We have opposite personalities.
▲「性格」を表す英語には、characterとpersonalityがあります。characterは「性格」、personalityは「個性、気質」という意味です。

私は彼女と性格が合いません。
She and I don't get along well.
▲get along「うまくやる」

C カジュアルな表現　　P 丁寧な表現　　F フォーマルな表現

好きなこと

私はエスニック料理が好きです。
I like ethnic food.

A：I like ethnic food.
B：Me, too.
A：エスニック料理は好きなんです。
B：私もです。

私はディズニーランドが大好きです。
I love Disneyland.
▲loveは女性が好んで使う口語表現です。I love him very muchと、人に対してはlove very muchと言いますが、物や事柄にはvery muchを付けません。

どのスポーツがいちばん好きですか。
What sports do you like the best?
▲What 〜 do you like the best?いちばん好きなものを聞くためのフレーズです。

サッカーがいちばん好きです。
I like soccer the best.

ジャズとロックでは、どちらのほうが好きですか。
Which do you like better, jazz or rock?
▲「Which do you like better, A or B?」は、二者択一で好き嫌いを尋ねるときに使います。

好きな作家はヘミングウェイです。
My favorite writer is Hemingway.
▲favorite「お気に入りの」は、同種の物や事柄の中でいちばん好きなものを言うときに使う語です。

私は緑より青のほうが好きです。
I prefer blue to green.
▲prefer 〜 to …「…より〜のほうを好む」

私はイタリア料理が好きです。
I'm fond of Italian food.
▲be fond of 〜「〜を好む」。長い期間、好きなものや事柄に対して使います。

自分について語る表現 — 私自身を語る

C ウインドサーフィンに夢中なんです。
I'm crazy about wind surfing.
▲be crazy about 〜「〜に熱中する」。ものすごく興味や関心があり、多くの時間をその物事に費やしているときに使います。

C 陶芸にのめり込んでます。
I'm into pottery.
▲be into 〜「〜にのめり込む」。一時的に興味を持って熱中しているときに使います。

嫌いなこと

ホラー映画は好きではありません。
I don't like horror movies.
▲「嫌い」を言い表すときによく使うのがlikeの否定don't like 〜「〜を好きではない」です。「嫌い」は「好きではない」と言い表す方が語調が柔らかくなるからです。「嫌い」という意味のdislikeは話し言葉ではあまり使いません。

A：Let's get this video.
B：I don't like horror movies.
A：このビデオを借りようよ。
B：僕はホラー映画は好きじゃないんだ。

C このレストランの食事はたいしたことないですね。
I don't think much of the food in this restaurant.
▲not much of 〜「たいした〜ではない」

C 牛乳は大嫌い。
I hate milk.
▲hateは「非常に激しい嫌悪」を表す言葉です。誇張表現を好む英語では、日常会話で物や事柄に対して「〜が大嫌い」という時によく使います。

C 陽子の友達は、私とは合いません。
Yoko's friend is not my type.
▲人の好き嫌いを言うときに、I don't like Yoko's friend.とストレートに言う場合もありますが、be not my type「私の好みではない」と婉曲に言うと語調が柔らかくなります。

C カジュアルな表現　　**P** 丁寧な表現　　**F** フォーマルな表現

趣味

私の趣味はウインドサーフィンです。
My hobby is wind surfing.

A：What are your hobbies?
B：My hobby is wind surfing.
A：趣味は何ですか。
B：ウインドサーフィンです。

好きな娯楽は何ですか。
What's your favorite pastime?
▲pastime「娯楽、レクリエーション、気晴らし」

好きな娯楽は読書と水泳です。
My favorite pastimes are reading and swimming.

何か趣味を持っていますか。
Do you have any hobbies?

外国のコインを集めています。
I collect foreign coins.

カリグラフィーを始めたばかりです。
I've just taken up calligraphy.
▲take up「(趣味として)始める」

何に興味がありますか。
What are you interested in?
▲be interested in ～「～に興味がある」
What are your interests?

園芸に興味があります。
I'm interested in gardening.

私は音楽とスキーに関心があります。
My interests are music and skiing.

自分について語る表現　私自身を語る

自分について語る表現　私自身を語る

余暇の過ごし方

暇なときは何をしていますか。
What do you do in your free time?
▲余暇の過ごし方を尋ねるときの決まり文句です。free time「自由な時間」は、勉強や仕事をする以外の時間です。

A : What do you do in your free time?
B : I enjoy playing computer games.
A：暇なときは何をしてるの？
B：ファミコンを楽しんでます。

暇なときには、家でテレビを見ているのが好きです。
I like to stay in and watch T.V. in my free time.

暇な時間に、スペイン語を勉強しています。
I'm learning Spanish in my spare time.
▲spare time「余分な時間」。free timeとだいたい同じ意味です。

家の雑用を片づけるのに忙しくしてます。
I'm busy with house chores.

時間があるときはいつでもフィットネスクラブに行きます。
I go to a health club whenever I get the time.
▲whenever ～「～するときはいつでも」

Note [趣味を表す言葉の使い分け]

hobbyは「趣味」を表す言葉として日本人には最も一般的ですが、①定期的に行っている、②その趣味に関する知識や技術がかなりある、の2条件を満たす場合に使います。時間があるときに気楽に楽しむことはpastime「娯楽、気晴らし」です。interestは興味や関心があることに対して、何にでも幅広く用いることができます。

C カジュアルな表現　　**P** 丁寧な表現　　**F** フォーマルな表現

火曜日には料理教室があります。
On Tuesdays I have a cooking class.
週末には彼とデートをします。
On weekends I go out with my boyfriend.

友達

親しい友達と出かけました。
I went out with my close friend.
▲closeは「関係が近い、親しい」という意味です。

A：What did you do last night?
B：I went out with my close friend.
A：昨日の夜は、何をしていたの？
B：親しい友達と出かけていました。

彼女は、高校の時からいちばんの友達です。
She's been my best friend since high school.
▲bestはgoodの最上級で「最良の」という意味です。

ビルと僕は、前は仲のいい友達だったんだ。
Bill and I used to be good friends.
▲used to〜「以前は〜だった」

彼は古くからの友達さ。
He's an old buddy of mine.
▲buddy　friendのカジュアルな表現。複数形はbuddies。

Note [友達いろいろ]

友達と一口に言っても、いろいろな友達がいます。単なる友達はa friend of mine／one of my friendsと言い表します。仲のいい友達は、close friend／best friend／good friendです。old friendは、だいぶ前からの友達のことです。時々顔を見かける程度の知り合いは、acquaintanceです。

自分について語る表現　私自身を語る

サラは単なる知り合いです。
Sarah is just an acquaintance.
▲acquaintance「知人」

C 週末は友達と遊び回ってるんだ。
I usually hang out with my friends on weekends.
▲hang out「〜とつきあう、親しくする」という意味の口語表現。

ファッション

カジュアルな服が好きです。
I like casual clothes.

A：What kind of clothes do you like?
B：I like casual clothes.
A：どんな服が好き？
B：カジュアルなのが好きよ。

一カ月にどれくらい洋服にお金を使いますか。
How much do you spend on clothing per month?

仕事にはどんな服を着ますか。
What do you usually wear at work?
▲at work「仕事場で、勤め先で」

仕事にはスーツを着ます。
I usually wear a suit at work.

家ではTシャツとジーンズを着ています。
I wear a T-shirt and jeans at home.

デートにはおしゃれをするのが好きです。
I like to dress up for dates.
▲dress up「飾る、よく見せる」

私は着るものに無頓着です。
I don't pay attention to what I wear.
▲pay attention to 〜「〜に注意を払う」

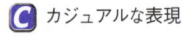

C カジュアルな表現　　**P** 丁寧な表現　　**F** フォーマルな表現

恋愛

どんなタイプの男の人が好きですか。

What type of man do you like?

A：What type of man do you like?
B：I like men with a sense of humor.
A：どんなタイプの男の人が好き？
B：ユーモアのセンスがある人がいいな。

トム・クルーズがまさに私の好みのタイプです。

Tom Cruise is just my type.

男友達はたくさんいるけど、彼はいないんです。

I have lots of male friends, but I don't have a boyfriend.

▲英語のboyfriend／girlfriendは「恋人」の意味。ただの異性の友達の場合は、male friend「男友達」／female friend「女友達」。またはHe's／She's／ a good friend of mine.「彼は／彼女は／私のよい友達です」と言い表します。

私は陽子さんとつきあっています。

I'm going out with Yoko.

▲go out with 〜「(異性の)〜とつきあう」

友達の結婚式で彼女と知り合いました。

I got to know my girlfriend at my friend's wedding.

▲get to know 〜「〜と知り合う」

先月、ケンと別れました。

I broke up with Ken last month.

▲break up「(夫婦や恋人同士が)別れる」

私は恋愛結婚のほうがいいです。

I'd prefer to have a love marriage.

私は顔より性格が重要だと思います。

I think personality matters more than looks.

▲よく耳にする恋愛観ですね。matter 〜 more than …「…より〜が重要である」

自分について語る表現　私自身を語る

健康

あなたの健康法は何ですか。
How do you stay fit?
▲stay fit「良い健康状態でいる」

A：How do you stay fit?
B：I jog every morning.
A：あなたの健康法は何ですか。
B：毎朝ジョギングをしています。

私は健康です。
I'm in good health.

健康を回復しました。
I've recovered my health.

仕事のしすぎで健康を損ないました。
I ruined my health through overwork.
▲ruin ～'s health「健康をだいなしにする」

健康を保つために、毎日運動をしています。
I work out every day to keep in shape.
▲work out「スポーツなどのトレーニングをする」、keep in shape「好調さを保つ」

年に1回、健康診断を受けています。
I get a physical once a year.

加工食品を避けて、健康食品を食べるようにしています。
I try to avoid junk food and eat health food.

8時間の睡眠をとるように心がけています。
I make it a rule to get eight hours of sleep.
▲make it a rule to ～「～することを自分の規則にしている」

煙草は健康に悪いですよ。
Smoking is bad for your health.
▲～is good for your health.「～は健康によい」

将来の夢や希望

私はカメラマンになりたいです。
I want to be a photographer.

A：What are your dreams for the future?
B：I want to be a photographer.
A：将来の夢は何？
B：カメラマンになりたいんだ。

私の夢はアメリカでバイオテクノロジーを勉強することです。
My dream is to study biotechnology in the U.S.

司書として働きたいと思っています。
I hope to work as a librarian.
▲I hope ～「～を望む」。実現可能な願望を言うときに使います。

将来いつの日にか、イタリア料理のレストランを開きたいです。
I'd like to open an Italian restaurant sometime in the future.
▲I'd like to ～「～したい」。要望や希望を言うI want to ～の丁寧な表現。

あなたは夢がないね！
You've got to dream big!
▲直訳は「夢は大きく持たねばならない」。励ましの表現です。

夢を持ちなさい。
Be ambitious.
▲ambitious「野心的な」

学校

学生です

私は大学生です。
I'm a college student.

A：Are you a high school student?
B：No, I'm a college student.
A：あなたは高校生？
B：いいえ、大学生です。

どちらの学校に行ってるのですか。
What school do you go to?

東西大学に行っています。
I go to Tozai University.

私は東西大学で生物学を勉強しています。
I'm at Tozai University studying biology.
▲be at university「大学在学中で」

私は専門学校へ通っています。
I attend a vocational school.
▲attend「(学校に)行く」

私は短大生です。
I'm a student at a junior college.

学年をいう

1年生です。
I'm a freshman.
▲アメリカでは、高校・大学は、freshman「1年生」、sophomore「2年生」、junior「3年生」、senior「4年生」と言います。

A：What year are you?
B：I'm a freshman.
A：何年生ですか。
B：一年生です。

彼は大学の1年先輩です。
He is one year ahead of me in college.
▲ahead of ～「～より前に」。後輩はahead ofの換わりにbehindを使います。

彼女はコーラス部の後輩です。
She joined the chorus club later than I did.
▲直訳は「彼女はわたしより後にコーラス部に入った」

専攻をいう

私は生物学を専攻しています。
I'm majoring in biology.
▲major in ～「～を専攻する」

A：What are you majoring in?
B：I'm majoring in biology.
A：何を専攻しているのですか。
B：生物学です。

専攻は何ですか。
What's your major?

大学では何を勉強しているのですか。
What are you studying at the university?
▲専攻はこのフレーズでも尋ねることができます。

Note ［先輩と後輩］
英語には1語で「先輩・後輩」に当てはまる言葉がありません。英語で説明する場合、自分と相手の年齢差や学校の入学年度、組織に属した時期のあとさきを言うことによって説明的に言い表してください。

自分について語る表現　学校

私の専攻は英文学です。
My major is English Literature.
▲major「専攻学科」
I'm an English Literature major.
▲この場合のmajorは「専攻学生」という意味。

科目

1時間目は何をとっていますか。
What (subject) do you have first period?

A：What (subject) do you have first period?
B：I have Psychology with Prof. Tanaka.
A：1時間目は何をとっていますか。
B：田中教授の心理学だよ。

どの授業がいちばん好きですか。
What class do you like the best?

その授業を教えている先生は誰ですか。
Who teaches the class?

経済学は必修科目ですか。
Is Economics a required subject?
▲elective「選択科目」

今学期は何科目を履修していますか。
How many classes are you taking this semester?

5科目とっています。
I'm taking five classes.

生物学の授業はどう？
How do you like the biology class?
▲How do you like〜？「〜はどうですか、気に入ってますか」。感想を求めるためのフレーズです。

クラブ活動

私は陸上部に入っています。
I'm in the track and field club.

A：What club are you in?
B：I'm in the track and field club.
A：何のクラブに入ってますか。
B：陸上部です。

どのクラブに所属していますか。
What club do you belong to?
▲belong to ～「～に属する」

演劇部です。
I belong to the drama club.

美術サークルのメンバーです。
I'm a member of the art club.
▲学校のサークルや同好会にもclubを使います。

サッカー部です。
I'm on the soccer team.
▲on the ～ team「～のチームに入っている」

あなたの大学にはどんなクラブがありますか。
What kind of clubs do you have in your college?
▲答えはWe have tennis, chorus,….「テニス、コーラス、…があります」と言います。

クラブ活動は楽しいですか。
Do you enjoy your club activities?

週に何日、練習しているのですか。
How many days a week do you practice?

試験・成績

歴史のテストは何点でしたか。
What did you get on the history exam?
▲exam「試験、テスト」。examination の口語表現。

A：What did you get on the history exam?
B：I got an 85.
A：歴史のテストは何点だった？
B：85点でした。

明日は小テストがあります。
We have a quiz tomorrow.
▲quiz「授業時間内に行う小テスト」

期末試験はどうだった？

C **How did you do on your finals?**
▲finalsはfinal examinations「学期末試験」の口語表現。

合格しました。
I passed.

落としました。
I failed.

C **I flunked.**

何点とれましたか。
What score did you get?

歴史のテストはいい点をとりました。
I got a high score on the history test.

今学期の成績はどうだった？
How were your grades this semester?

（評価は）Bでした。
I got a B.

C カジュアルな表現　　**P** 丁寧な表現　　**F** フォーマルな表現

落第・退学

彼は学校をやめました。
He quit school.
▲quit「やめる」。自ら学校や職場などをやめる場合に使います。

A：I haven't seen Tom around lately.
B：He quit school.
A：トムを最近見かけないけど。
B：彼、学校をやめたよ。

学校を辞めることに決めました。
I decided to leave school.
▲leave「去る」、永久にやめる場合に使います。

彼は大学を退学になりました。
C **He flunked out of college.**
▲flunk out「成績が悪いので辞める」

C **He was kicked out of college.**
C **He was thrown out of college.**
▲kick out「けり出される」、throw out「放り出される」。どちらも悪い行いが原因で退学させられる場合に使います。

彼は大学から落ちこぼれました。
He dropped out of college.
▲drop out「勉学を終了せずにやめる」

私はそのクラスは落第しました。
I failed the course.
C **I flunked the course.**

私は3年に留年です。
I have to repeat my junior year.
▲have repeat one's 〜 year「〜年を繰り返さなければならない」

自分について語る表現　学校

自分について語る表現

学校

アルバイト

レストランでアルバイトをしています。
I have a part-time job at a restaurant.

A：I have a part-time job at a restaurant.
B：How many days a week do you work?
A：Three days.

A：レストランでアルバイトをしているんだ。
B：1週間に何日働いてるの？
A：週3日だよ。

アルバイトをしていますか。
Do you have a part-time job?

レジ係としてアルバイトで働いています。
I'm working part-time as a cashier.
▲work part-time「パートで働く」

高校生の男の子の家庭教師をしています。
I tutor a high school boy.

バイトを二つかけもちしてます。
I'm holding down two part-time jobs.
▲hold down「維持する」

Note ［アルバイトは英語？］

アルバイトはドイツ語のarbeit「仕事、労働」に由来する外来語です。英語ではpart-time job／work／を使います。（workのほうがフォーマルな表現です）日本語では、「本業以外の仕事」を意味する言葉に、パートタイムとアルバイトのふたつがありますが、英語では両方ともpart-timeです。

C カジュアルな表現   **P** 丁寧な表現   **F** フォーマルな表現

卒業

去年、私は東西大学を卒業しました。
I graduated from Tozai University last year.
▲graduate from 〜「〜を卒業する」

A：When are you graduating?
B：I graduated from Tozai University last year.
A：いつ卒業ですか。
B：去年、東西大学を卒業しました。

去年、大学を終えました。
I finished college last year.

来年、卒業します。
I'll be graduating next year.

卒業後はどうするんですか。
What are your plans after graduation?
▲直訳は「卒業後の計画は何ですか」

What are you going to do after graduation?
▲直訳は「卒業後は何をするつもりですか」。be going to 〜「〜する予定です」

大学院に進学します。
I plan to go to graduate school.
▲plan to 〜「〜する計画です」

銀行に就職が決まっています。
I've got a job with a bank.
▲get a job「就職する」

まだ決めていません。
I haven't decided yet.

出身大学はどこですか。
Where did you go to college?

コロンビア大学です。
I went to Columbia University.
▲出身学校はwent to 〜「〜に行った」と言い表します。

自分について語る表現　学校

仕事

職業名を言う

私はフリーの翻訳家です。
I'm a freelance translator.
▲accountant「会計士」、nurse「看護婦」、teacher「教師」engineer「技術者」など、専門技術や特殊技術の職業名はI'm a／an／〜.「私は〜です」と言います。

A：What do you do?
B：I'm a freelance translator.
A：お仕事は何をしていますか。
B：フリーの翻訳家です。
▲What do you do (for a living)?　職業を尋ねるときの決まり文句です。「生計を立てるために、何をしていますか」が直訳。for a livingは省略してかまいません。

自営です。ブティックを経営しています。
I'm self-employed. I own a boutique.

ソフトの開発者として働いています。
I work as a software developer.
▲work as 〜「〜として働いている」。asのあとに職業名を言います。

私は営業部の課長をしています。
I'm a sales manager.
▲役職名を答える言い方です。

Note [会社員は職業？]

英語で会社員はbusinessmanといいます。でも、職業を聞かれたら、日本のように「私は会社員です」I'm a businessman.とは答えません。勤めている会社名・部課名、社内での自分の仕事（secretary「秘書」、accountant「会計士」）や役職名を答えるのがふつうです。

C カジュアルな表現　　**P** 丁寧な表現　　**F** フォーマルな表現

～で働いています

ABC保険で働いています。
He works for ABC Insurance.
▲work for ＋会社名「～社で働いています」

A：What company is he working for?
B：He works for ABC Insurance.
A：どこの会社で働いているのですか。
B：ABC保険で働いています。

どこで働いているのですか。
Where do you work.

病院で働いています。
I worked in a hospital.
▲仕事場を答えるフレーズです。

姉はあのレストランで働いています。
My sister works at that restaurant.
▲有名で誰もが知っている会社や、話者同士がよく知っている場所のときにwork at ～を使います。

私は以前、ソニーで働いていました。
I used to work at Sony.

フリーで本のイラストの仕事をしています。
I work freelance, doing illustrations for books.

通勤

私は電車で通勤しています。
I go to work by train.

A：How do you go to work?
B：I go to work by train.
A：通勤手段は何ですか。
B：電車です。

自分について語る表現　仕事

私はバスで通勤しています。
I commute by bus.
▲commute「通勤する」

I take the bus to my office.
▲take a bus「バスに乗る」

私は清瀬の自宅から代々木にある会社まで通勤しています。
I commute from my house in Kiyose to my office in Yoyogi.

会社に着くまでどれくらい時間がかかりますか。
How long does it take to get to the office?

会社に行くのに1時間かかります。
It takes an hour to go to the office.

私は時差出勤を試みています。
I try to avoid rush hour when commuting to work.
▲avoid rush hour「ラッシュアワーを避ける」

勤務時間

私の勤務時間は9時から5時までです。

My working hours are nine to five.

▲working hours「勤務時間」。office hours／business hoursともいいます。

A：What are your working hours?
B：Nine to five.
A：勤務時間は何時から何時までですか。
B：9時から5時までです。

勤務時間は何時から何時まで？
What are the hours?
▲the hoursはoffice hoursやworking hoursを短くした表現。

うちの会社は週休2日制です。
We are on a five-day work week in this company.
▲five-day work week「週休2日制」。英語では「1週5日制」と勤務日のほうを言います。

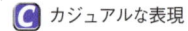

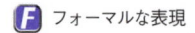

土日は休みです。
I'm off on Saturdays and Sundays.

上司・同僚・部下

木村さんが私の上司です。
Mr. Kimura is my boss.
▲bossはどちらかといえば口語的な表現。改まった会話ではsupervisorを使います。

A：Mr. Kimura is my boss.
B：I hear he's very sharp.
A：木村さんが私の上司です。
B：すごい切れ者だって聞いてるよ。

鈴木君は僕の部下です。
Suzuki is one of my staff members.
▲my staff「部下」。my peopleでもOK。

Ⓕ **Suzuki is my subordinate.**

私は同僚とうまく行ってません。
I'm not getting along well with my colleagues.
▲colleague「(専門職や会社の役職にある人の)同僚」は、改まった言葉なので日常会話ではfellow workerやco-workerを使うといいでしょう。

給料

給料はいいです。
The pay is good.
▲pay「給料」。給料が悪いときはThe pay is bad.になります。

A：How do you like your new job?
B：I like it. The pay is good.
A：新しい仕事はどう？
B：気に入ってるよ。給料はいいしね。

自分について語る表現　仕事

自分について語る表現　仕事

うちは毎月25日が給料日です。
Our payday is the 25th of every month.

月給は25万円です。
My salary is 250,000 yen a month.
▲salary「月給」

給料が上がりました。
I got a pay raise.
▲pay raise「昇給」

仕事量のわりに払いが少ないんです。
My wage are low considering the amount of work.
▲wages「賃金」。現金で支給される日給や週給のような報酬で、ブルーカラーのイメージがある。

残業

昨日は2時間、残業をしました。
I put in 2 hours overtime yesterday.
▲put in「(労力などを)つぎ込む」

A：I put in 2 hours overtime yesterday.
B：Do you get paid for it?
A：昨日は2時間、残業したよ。
B：残業手当がつくの？

よく残業します。
I work overtime often.
▲work overtime「残業する」

残業手当はつきますか。
Is overtime paid?
▲直訳は「残業は支払われますか」

先月は10時間、サービス残業をしました。
I put in 10 hours unpaid overtime last month.
▲unpaid overtime「無給の残業」

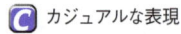

C カジュアルな表現　　P 丁寧な表現　　F フォーマルな表現

今日は会社を早退しました。
I left the office early today.

休暇

私は月に1回休みをとります。
I take a day off once a month.

▲take a day off「1日休む」。「2日休む」はtake two days offになります。

A：I take a day off once a month.
B：Good for you!
A：来週1日休みをとりたいのですが。
B：いいね！

昨日、私は午前中に半休をとりました。
I took the morning off yesterday.

▲take the morning off「午前中、休む」

私は時々2～3日休みをとります。
I'll take a few days off once in a while.

▲take a few days off「2～3日休む」

夏休みは何日ありますか。
How many days vacation do you get in summer?

私は今年、20日の有給休暇があります。
I get 20 paid holidays this year.

Note [HolidayとVacation]

holidayとvacationは、どちらも「休日、休暇」という意味です。イギリス英語ではholiday、アメリカ英語ではvacationを使うと覚えておきましょう。アメリカ人がholidayを使うのは、Labor Day「労働者の日」やIndependence Day「独立記念日」など、国の祝祭日にかぎられます。

自分について語る表現

仕事

転職する

私は転職したいです。
I want to change jobs.

▲change jobs「転職する」。転職するとAの仕事からBの仕事に変わるので、change jobsとjobが複数形になります。

A：I want to change jobs.
B：Me, too.
A：転職したいなあ！
B：私も。

転職しました。
I changed my job.

仕事を辞める

仕事を辞めました。
I quit my job.

A：I quit my job.
B：What are you going to do?
A：仕事を辞めました。
B：これからどうするつもり？

仕事をなくしました。
I lost my job.

解雇されました。
I was fired.

今、仕事を探しています。
I'm looking for a new job.

充電期間中です。
I'm between jobs.

▲直訳は「仕事と仕事の間にいる」。失業していることを比喩的に表現しているフレーズです。

私は2年後に定年退職します。
I'm retiring in two years.

五感を伝える表現

- Greetings Plus
- Communication
- Self Introductions
- **Five Senses**
- Feelings
- Beliefs and Opinions

見る

見る

あの夕焼けを見て。
Look at the sunset.
▲look at ～「(意図的に目を向けて)～を見る」

A：Look at the sunset.
B：Oh, It's beautiful!
A：夕焼けを見て。
B：ああ、綺麗だね！

私はジムが外へ出ていくのを見ました。
I saw Jim go out.
▲see「自然に何かが視界に入る」

私はピカソの絵を美術館で見ました。
I saw Picasso's drawing at the museum.

近くで見て。
Look closely.

この写真を見てもいいですか。
May I look at the pictures?

私は動物園で熊を見るのが好きです。
I like to watch bears at the zoo.
▲watch「視線を固定して一定時間見る」

パレードを見ましたか？
Did you watch the parade?

注意して見る

気を付けて！ 車が来るよ。
Watch out! There's a car coming.
▲watch「気をつける」

C カジュアルな表現　　P 丁寧な表現　　F フォーマルな表現

A：Watch out! There's a car coming.
B：I know.
A：気を付けて！　車が来るよ。
B：わかってるよ。

私のすることをよく見なさい。
Watch me carefully.
▲watch「注視する」。対象の様子の変化や動きに注意して見る。

お手洗いに行っている間、バッグを見ていてもらえますか。
Would you watch my bag while I go to the bathroom?
▲watch「見張る」

子供を1時間見てくれますか。
Can you watch the kids for an hour?
▲watch「注意して見守る」

見える

鳥が見えます。
I can see a bird.
▲see「自然に視野に入ってくる」

A：What do you see?
B：I can see a bird.
A：何が見える？
B：鳥が見えるよ。

Note [SeeとLookとWatchの使い分け]

seeは無意識のうちに目に入ってくることです。明確な目的を持って見ているわけではなく、自然に視野に入ってくるものを見ることです。lookは静止している人や光景、事物に対して意図的に目を向けて見ることです。watchは、動いているものや動く可能性のあるものに対して、「どのように動くのか」と期待や関心の気持ちとともに、意識的に一定の時間見ることです。

五感を伝える表現

見る

五感を伝える表現

見る

黒板が見えません。
I can't see the black board.
▲seeをcanやcouldと一緒に使うと、見ようとする努力をしている意味が含まれます。

猫は暗闇でも、物が見えます。
Cats can see in the dark.

とても暗くて何も見えません。
It's so dark that I can't see anything.
▲so ～ that…「とても～なので…です」

眼鏡をかけるとずっとよく見えます。
I can see much better with the glasses.

晴れた日には、ここから富士山が見えます。
You can see Mt. Fuji from here on a sunny day.

見かける

ケンを見かけましたか？
Have you seen Ken?
▲人だけでなくHave you seen my pen?「私のペンを見かけた？」と、物を見かけたかどうか尋ねるときにも使えます。

A：Have you seen Ken?
B：No, not today.
A：ケンを見かけた？
B：いや、今日は見かけないね。

たった今、メアリーを見かけたよ。
I've just seen Mary.

ジョンが帰ったのを見ましたか。
Did you see John leave?

昨日、街で君の妹を見かけたよ。
I saw your sister in town yesterday.

このマンションじゃ子供をほとんど見かけないね。
I hardly see any children in this condo.

C カジュアルな表現　**P** 丁寧な表現　**F** フォーマルな表現

もしトムを見かけたら、私に電話するように言ってもらえますか。
If you happen to see Tom, would you tell him to call me?
▲happen to 〜「偶然〜する」

眺める

景色を眺めました。
I enjoyed watching the scenery.
▲見て楽しいものを眺める場合は、enjoy watchingと言い表わします。

A：How was climbing Mt. Fuji?
B：I enjoyed watching the scenery.
A：富士登山はどうだった？
B：眺めを楽しんできたよ。

日光には眺める場所がたくさんあります。
There're so many places to see in Nikko.

この窓から街の半分が眺められます。
The window overlooks half of the town.

テレビを見る

昨日の夜、テレビで何を見ましたか。
What did you see on T.V. last night?
▲会話ではテレビのことをT.V.と言うのが一般的です。

A：What did you see on T.V. last night?
B：I saw a drama.
A：昨日の夜、テレビは何を見た？
B：ドラマを見たよ。

ほとんど毎晩、テレビを見ます。
I watch T.V. most evenings.

テレビで深夜映画を見るのが好きです。
I like to watch late-night movies on T.V.

昨晩、中国についての番組を見ましたか。
Did you see the program about China last night?

▲テレビ番組、映画、芝居などを見ることができたか否かについて話すときは、watchでなくseeを使います。

あなたはテレビの見過ぎです。
You watch too much T.V.

映画や芝居を見る

映画を見に行きたいです。
I'd like to go see a movie.
▲go see a movie「映画を見に行く」

A：What do you want to do tomorrow?
B：I'd like to go see a movie.
A：明日、何がしたい？
B：映画を見に行きたいな。

最近、何かいい映画を見ましたか。
Have you seen any good movies lately?

スピルバーグの最新映画を見ましたか。
Did you see Spielberg's latest film?

今夜、映画を見に行かない？
Do you want to go see a movie tonight?

ブロードウエイで芝居を見ました。
I saw a play on Broadway.

『コーラスライン』は、見たことがないんです。
I've never seen "Chorus Line."

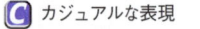

観戦する

野球の試合を見に行きました。
I went to see a baseball game.

A：What did you do on Sunday?
B：I went to see a baseball game.
A：日曜日は何をしていたの？
B：野球の試合を見に行きました。

そのサッカーの試合はテレビで見ました。
We watched the soccer game on T.V.

本や新聞で見る

新聞で見ました。
I read about it in the newspaper.
▲日本語では「読む」という意味で「見る」と言いますが、英語ではlookやwatchは使いません。

A：Do you know anything about the car accident?
B：I read about it in the newspaper.
A：その自動車事故について何か知ってる？
B：その事故についてなら新聞で見たよ。

この企画書を見てくれますか。
Would you review this project plan?
▲review「見直す」

その記事は雑誌でちらっと見たよ。
I glanced at the article in the magazine.
▲glance at ～「ちらりと見る」

探す・調べる

辞書でその言葉を見てみましょう。

Let's look up the word in the dictionary.

▲look up「調べる」

A：Let's look up the word in the dictionary.
B：Good idea!
A：辞書でその言葉を見てみましょう。
B：いい考えですね！

私のお財布を探すの手伝ってもらえますか。
Would you help me look for my purse?
▲look for ～「～を探す」

タイヤを見てみよう。
Let's check the tires.
▲check「調べる」

誰なのか行って見てきます。
I'll go and see who it is.

見物する

ちょっと見物していこう。

Let's go watch for a moment.

▲go watch「行って見る」

A：They're doing magic tricks.
B：Let's go watch for a moment.
A：手品をやってるよ。
B：ちょっと見物していこう。

ロスではたくさん観光を楽しんできました。
I enjoyed lots of sights in Los Angeles.
▲enjoy lots of sights「たくさんの光景を楽しむ」

C カジュアルな表現　　**P** 丁寧な表現　　**F** フォーマルな表現

家族で京都見物に行きました。
Our family went sightseeing in Kyoto.
▲go sightseeing「観光に行く」

目撃する

私はその事故を目撃しました。
I saw the accident with my own eyes.
▲see ～ with my own eyes「自分の目で～を見る」

A: I saw the accident with my own eyes.
B: How bad was it?
A:私はその事故を目撃したよ。
B:どれくらいひどい事故だったの?

あなたはその盗難を目撃しましたか。
Did you witness the robbery?
▲witness「目撃する、証人として立ち会う」

～に見える

彼女はもっと若く見えます。
She looks younger.

A: Sarah is forty.
B: Really? She looks younger.
A:サラは40歳だよ。
B:本当? 若く見えるね。

彼は30代に見えます。
He looks like he's in his 30's.

彼女は実際よりもずっと年を取って見えます。
She looks much older than she is.

彼は10代の若者のように見えます。
He looks like a teen-ager.
▲look like ～「～のように見える」

五感を伝える表現

見る

あなたのほうが上司のように見えます。
You look as if you're the boss.
▲look as if 〜「あたかも〜のように見える」

彼は混乱したように見えた。
He looked confused.

いろいろな「見る」

じろじろ見ないでくれませんか。
Would you stop staring at me?
▲stare at「じろじろとうさんくさそうに見る」

A：Would you stop staring at me?
B：Oh, I'm sorry.
A：じろじろ見ないでくれませんか。
B：ああ、失礼。

君のレポートはざっと見ておきました。
I glanced over your report.
▲glance「ちらりと一瞥する」

何をじっと見ているの？
What are you gazing at?
▲gaze at「感心したり驚いたりしてじっと見る」

あそこで私たちをにらんでいるのは誰ですか。
Who is that person over there glaring at us?
▲glare at 〜「〜をにらむ」

C カジュアルな表現　　P 丁寧な表現　　F フォーマルな表現

聞く

聞く

聞いて!
Listen!
▲listen「音のする方向に耳を向ける」。注意をひいたり注目を集めたいときの言い回しです。

A：Listen! I have an idea.
B：What is it?
A：聞いて! 考えがあるんだ。
B：何?

よく聞きなさい。
Listen carefully.
▲carefully「注意深く」

よく聞いていませんでした。
I wasn't listening.

聞こえる

変な物音が聞こえなかった?
Didn't you hear a strange noise?
▲hear「自然に物音が耳に入ってくる」

A：Didn't you hear a strange noise?
B：No.
A：変な物音が聞こえなかった?
B：いいや。

鳥の鳴き声が聞こえた。
I heard birds singing.

五感を伝える表現

聞く

あなたが入ってきたのは、聞こえませんでした。
I didn't hear you come in.

あなたの名前がアナウンスされたの聞こえましたか。
Did you hear them announce your name?

外にいたので電話の音が聞こえませんでした。
I was outside so I didn't hear the phone.

音楽を聴く

私は音楽を聴くのが好きです。
I like listening to music.

▲listen to〜「意味がある物音や内容を、意識して聴き取ろうとする」

A：I like listening to music.
B：So do I.
A：音楽を聴くのが好きです。
B：僕もです。

通勤電車では音楽のテープを聴いています。
I enjoy listening to music tapes on the commuter train.

▲enjoy listening「聴くのを楽しむ」

ベートーベンの第九交響曲は、2回聴いたことがあります。
I've heard Beethoven's Ninth Symphony twice.

▲コンサートやリサイタル(hear a recital)では、意図的に音楽に耳を傾けますが、例外的にhearを使います。

Note [ListenとHear]

Listenは注意を払って意図的に聞くことなのに対して、hearは音が自然に耳に入ってくることを表します。ですから、騒音や雑音など好ましくない音を聞く場合にはhearを使い、音楽など自ら進んで耳にいれるときはlistenを使います。

C カジュアルな表現　　**P** 丁寧な表現　　**F** フォーマルな表現

ニュースやラジオを聴く

ラジオを聴いています。
I'm listening to the radio.
▲listen to the radio「ラジオを聴く」

A：What are you doing?
B：I'm listening to the radio.
A：何をしているの。
B：ラジオを聴いてるんだ。

そのニュースはラジオで聴きました。
I heard the news on the radio.

夜遅くラジオを聴くのが好きです。
I like to listen in late at night.
▲listen in「(ニュースなどを)ラジオで聴く」

運転するときはいつもラジオを聴きます。
I always listen to the radio when I drive.

聞き取る

聞こえますか。
Can you hear me?
▲周囲が騒々しかったり電話などで、自分の言っていることが聞き取れているか確認するときに使います。

A：Can you hear me?
B：Speak up, please.
A：聞こえる？
B：大きな声で話して。

よく聞こえません。
I can't hear you well.

言っていることが分かりません。
I couldn't catch what you said.
▲catch「聞き取る、理解する」

名前が聞き取れませんでした。
I didn't catch your name.

私は聞き間違いをしました。
I heard it wrong.

耳を傾ける

あなたの話はちゃんと聞いてます。
I'm listening to you.

A：I'm listening to you.
B：No, you're not.
A：話はちゃんと聞いてるよ。
B：聞いてないよ。

私の話を聞いてますか。
Are you listening to me?
▲自分の話を相手がちゃんと聞いているかどうか確認するためのフレーズ。

上司は私の話を聞いてくれません。
My boss doesn't listen to me.

彼の言うことに耳を貸したらだめだ。
Don't listen to him.

言い訳は聞きたくありません。
I don't want to hear your excuse.

彼は人の話をよく聞いてくれる人です。
He is a good listener.
▲good listener「良い聞き手」。「人の話や意見にじっくり耳を傾ける人」というのは、ほめ言葉のひとつです。

噂を聞く

その知らせを聞いてますか。
Have you heard the news?
▲hear「耳にする、聞いて知る」

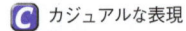

C カジュアルな表現　　**P** 丁寧な表現　　**F** フォーマルな表現

A: Have you heard the news?
B: Yes. I heard it from Tom.
A: そのニュースは聞いてる？
B: うん。トムから聞いたよ。

真相を聞いてびっくりしました。
I was surprised to hear the truth.

その火事のことは聞いた？
Did you hear about the fire?
▲hear about ~「~について知る、噂を聞く」

彼女は結婚したと聞いています。
I hear she got married.
▲I hear (that) ~「~と噂に聞いている」

その店の話は聞いたことがありません。
I've never heard of that restaurant.
▲hear of ~「~の知らせや噂を聞く」

彼女の名前はどこかで聞いたことがあります。
I heard her name somewhere.

尋ねる

あの店で道を聞いてきます。
I'll ask for directions at that shop.
▲ask「尋ねる」

A: We seem lost.
B: I'll ask for directions at that shop.
A: 私たち、道に迷ったみたい。
B: あの店で道を聞いてくるよ。

事務室に聞きに行ってくれますか。
Will you go ask at the office?
▲go ask「聞きに行く」

聞きたいことがあるのですが。
Can I ask you a question?

五感を伝える表現

聞く

かぐ

いいにおい

いいにおいがします。
(It) smells good.

▲smell「〜のにおいがする」。smellはにおいを表す最も一般的な言葉です。good／nice／lovelyなど、よいにおいを表す形容詞と一緒に使わないと、自動的に「悪いにおいがする」という意味になります。

A：It smells good.
B：I'm baking an apple pie.
A：いいにおいだね。
B：アップルパイを焼いてるの。

このバラは甘いにおいがします。
These roses smell sweet.

私はラベンダーの香りが好きです。
I like the scent of lavender.
▲scent「花や植物、果物などからのいい香り」。fragranceも花のいい香りのことです。

このコーヒーはいい香りがします。
This coffee has a rich aroma.
▲aroma「食べ物や特にコーヒーが発するよい香り」

この赤ワインは香りがいいですね。
This red wine has a nice bouquet.
▲bouquet「ワインの香り」。ワインの香りにはbouquetという語を使います。「花束」のブーケと同じ単語です。

不快なにおい

これはひどいにおいがする。
It stinks.
▲stink「ひどいにおいがする」

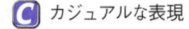

C カジュアルな表現　　P 丁寧な表現　　F フォーマルな表現

A : Can I throw this cheese away?
B : Why?
A : It stinks.
A：このチーズ、捨ててもいい？
B：なぜ？
A：ひどいにおいがしてるよ。

この部屋は嫌なにおいがする。
There's a smell in this room.
▲この場合のsmellは名詞で「悪臭」という意味。よい香りを表す形容詞と一緒に使わない場合は、名詞・動詞に限らずsmellは「悪いにおい」の意味になります。

このソックスは本当に、におってます。
These socks really smell.
▲smell「悪いにおいがする」

私は煙草のにおいが好きではありません。
I don't like the smell of cigarettes.

この毛布はにおう。
This blanket is smelly.
▲smellyは常に「嫌なにおいがする」という意味で使います。

この刺身は変なにおいがする。
This sashimi smells bad.

この牛乳は酸っぱいにおいがする。
This milk smells sour.

〜のにおいがする

ガスのにおいがする。
I can smell gas.
▲I can smell 〜「〜のにおいがする」。I am smelling 〜は間違いなので注意しましょう。

A : I can smell gas.
B : Let me check the kitchen.
A：ガスくさいよ。
B：台所をチェックしてくるね。

何か臭うな。
I can smell something.

何か焦げ臭いにおいがする。
I can smell something burning.

人からのにおい

あなた、お酒のにおいがしますよ。
You smell of liquor.

A：You smell of liquor.
B：I drank too much again.
A：酒臭いよ。
B：また飲み過ぎちゃったんだ。

ニンニク臭いよ。
You smell like garlic.

彼は口臭がある。
His breath smells.
▲「彼の息は嫌なにおいがする」

彼は体臭が強い。
He has a strong body odor.
▲strong body odor「強い体臭」

君、シャンプーのあとはいいにおいがするね。
You smell so nice after you wash your hair.

Note ［香水あれこれ］

古今東西、よい香りは魅力をアピールする要素のひとつです。いいにおいを身体から漂わせるために身につけるものと言えば、まずperfume「香水」です。cologne「コロン」は、男女どちらも使います。aftershave「アフターシェーブ」は、男性がひげ剃りあとに顔や首につけます。odorは「不快なにおい」。否定の意味を表すdeを付けるとdeodorant「におい消し」になります。

C カジュアルな表現　　**P** 丁寧な表現　　**F** フォーマルな表現

〜のようなにおいがする

ここは病院みたいなにおいがする。
It smells like a hospital in here.
▲smell like 〜「〜のようなにおいがする」。このlikeは「〜のような」という意味の前置詞です。

A：It smells like a hospital in here.
B：It does.
A：ここは病院みたいなにおいがするね。
B：そうだね。

このシャツは汗臭い。
This shirt smells like sweat.
▲smell like sweat「汗のようなにおいがする」

このハーブはレモンのようなにおいがする。
This herb smells like a lemon.

嗅覚

私は鼻が効きます。
I have a good nose.

A：I have a good nose.
B：No wonder you became a wine expert.
A：私は鼻が効くんです。
B：ワインの専門家になったのも不思議はないですね。

私は鼻があまり効かないんです。
My sense of smell is not so good.
▲sense of smell「嗅覚」

私の犬はいい嗅覚をしています。
My dog has a good sense of smell.

五感を伝える表現

かぐ

味わう

おいしい

おいしい。
(It's) good.

A: How do you like the soup?
B: It's good!
A: このスープどう?
B: おいしいよ。

おいしい。
(It) tastes good.
▲taste「〜の味がする」

(It's) delicious.
▲deliciousは、おいしいものを食べたり飲んだりして嬉しい気持ちを言い表すときに使います。

すごくおいしい。
(It's) great.
(It) tastes great.
▲greatの代わりにwonderful「素晴らしい」、excellent「最高です」もよく使います。

P It's absolutely delicious.
It tastes really good.

いい味がします。
It's tasty.
▲tasty「味がいい」

Note [味を表現する]
味覚を表すのには、「It is(It's)＋形容詞」または「It tastes＋形容詞」の文型を使うのが、日常会話ではもっとも一般的です。

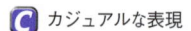

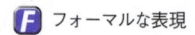

C カジュアルな表現　　**P** 丁寧な表現　　**F** フォーマルな表現

まずい

おいしくない。
It's not good.
▲マイナスの事柄を言い表すときには、否定形で表現すると語調がソフトになります。ここでは「まずい」を「おいしくない」と言い表しています。

A：It looks good !
B：It's not good.
A：おいしそう！
B：おいしくないよ。

おいしくない。
It doesn't taste good.
▲直訳は「いい味がしない」

そんなにおいしくない。
It's not so good.

これはまずい。
This is bad.

これはひどい。
This is awful／terrible／.
▲awful／terrible両方とも「ひどい」という意味です。

むかむかする。
It tastes disgusting.
It's revolting.
▲revolt「胸が悪くなる」

Note ［とてもデリシャス］

deliciousを強調したいとき、very deliciousでは間違い。absolutely「断然、まったく」またはreally「本当に」を使って、absolutely delicious／really delicious と言うのが正しい表現です。

～のような味がする

このフライドチキンは変な味がする。

This fried chicken tastes strange.

▲tastes＋形容詞「(形容詞)の味がする」

A：This fried chicken tastes strange.
B：Don't eat it.
A：このフライドチキンは変な味がするよ。
B：食べないで！

これは妙な味がする。
This tastes weird.
This tastes funny.

▲funny「おかしな」。味が変、つまり悪くなっているかもしれないということを言い表わしています。

これはいつもと違う味がする。
This doesn't taste right.

▲not taste right「正しくない味がする」。つまり、本来と違う味がするという意味。

ビニールみたいな味がする。
It taste like plastic.

▲taste like＋名詞「(名詞)のような味がする」

いくらのような味がする。
It taste like ikura.

いろいろな味

甘いです。
It's sweet.
▲「甘い」を言い表すには、sugary「砂糖そのもののように甘ったるい」という語もあります。

A：Have a taste of this cake.
B：It's sweet.
A：一口食べてみて。
B：甘いね。

辛い。
It's hot.
▲hot「口の中がヒリヒリするように辛い」

しょっぱい。
It's salty.

苦い。
It's bitter.
▲bitter「(ビール・ブラックコーヒー・薬などが) 苦い」

酸っぱい。
It's sour.

スパイスが効いてます。
It's spicy.
▲spicy「香辛料によるピリッとする辛さ」

Column [料理をほめる]

食事をおいしくするスパイスは、料理へのほめ言葉です。食事に招待されたら、「おいしいですね」「この料理は気に入りました」など、遠慮せずにどんどんほめましょう。また、How do you cook this?「これはどうやって作るのですか」と料理法を尋ねるのも、会話が弾むきっかけになります。本当に気に入ったらWould you give me a recipe?「レシピをいただけますか」と頼んでみてください。

このワインは酸っぱい。

This wine is sharp.

▲sharpワインなどが酸っぱくなったときはsharpを使います。

私は辛口のシェリーが好きです。

I like dry sherry.

▲dry「(お酒の)辛い」

レモンの味がします。

This tastes like lemon.

▲tastes like ～「～のような味がする」

濃い・薄い

このコーヒーは濃いね。

This coffee is strong.

A：This coffee is strong.

B：Would you like some cream and sugar?

A：このコーヒーは濃いね。
B：ミルクと砂糖がいる？

このスープは味が薄い。

This soup is weak／thin／.

私は濃い／薄い／コーヒーが好きです。

I like my coffee strong／weak／.

あっさり・こってり

私はあっさりした物がいいです。

I'd like something light／plain／.

▲同じ「あっさり」でも、lightは消化が良くてお腹にもたれないような食べ物、plainは味が淡泊なものに使います。

A：What do you want for dinner?

B：I'd like something light.

A：夕食は何がいい？
B：何かあっさりしたものがいいな。

私は油っこい食べ物は好きではありません。
I don't like greasy／oily／ food.
▲greasy「油ぎった」、oily「油っこい」

このソースはこってりしすぎている。
This sauce is too thick.
▲thick「どろどろした、濃厚な」。「薄い」はthinやwatery「水っぽい」といいます。

今日のランチはたっぷりしていたね。
Today's lunch was rich.
▲rich「濃厚な、栄養分のある」。内容が豪華で栄養も十分という料理に使います。

これは(食べても)太らないですよ。
This is not fattening.
▲fatten「太らせる」

夕食はしつこかった。
The dinner was too heavy.
▲heavy「おなかに重くもたれる」

味がない

何も味がしません。
It doesn't taste of anything to me.

A：What is this soup supposed to be?
B：It doesn't taste of anything to me.
A：これは何のスープかな？
B：何も味がしないね。

まったく味がしません。
It has no taste.

Note [甘い歯？]
英語では、甘い物が好きな人のことをhave a sweet tooth「甘い歯を持っている」と表現します。I have a sweet tooth.で、「私は甘党です」という意味になります。

五感を伝える表現

味わう

このサンドイッチは味がありません。
This sandwich is tasteless.
▲tasteless「味がない」

このソースは味がしません。
This sauce tastes bland.
▲bland「単調無味な」

風味

珍しい風味がします。
It has an unusual flavor.
▲flavor「風味、香味」。口に含んだときに感じる、食べ物が持っている特有の味。味覚だけでなく嗅覚でも感じます。

A：What do you think of the sauce?
B：It has an unusual flavor.
A：このソースどう思う？
B：珍しい風味がするね。

このワインはあまり風味がないね。
The wine doesn't have much flavor.

チョコ味のアイスクリームがいちばん好きです。
I like chocolate-flavored ice cream best.

味わう

このワインをゆっくり味わいましょう。
Let's savor this wine.
▲savor「楽しく味わう、堪能する」

A：Let's savor this wine.
B：Mmm…. It's good!
A：このワインをゆっくり味わおうね。
B：うーん、おいしい！

じっくり味わってね。
Would you savor it?

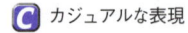

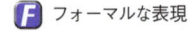

C カジュアルな表現　　P 丁寧な表現　　F フォーマルな表現

身体や肌で感じる

五感を伝える表現　身体や肌で感じる

触る

そのやかんに触らないで。
Don't touch the kettle.
▲touch「表面的・物理的に接触する」

A: Don't touch the kettle.
B: Wow, it's hot!
A: そのやかんに触らないで。
B: わあ、熱い!

ごめん。痛む腕に触るつもりはなかったんです。
Sorry. I didn't mean to touch your sore arm.
▲sore「ちょっとさわっても痛い」

ジムは彼の新車を触っただけでも怒るんだ。
Jim goes mad if anyone even touches his new car.

このスカーフがどんなに柔らかいか触ってみて。
Feel how soft this scarf is.
▲feel「手で触って調べる、感じる」

熱があるかどうかおでこを触らせて。
Let me feel your forehead to see if you have a temperature.

Note [TouchとFeel]

英語で「触る」を意味する言葉には、touchとfeelの二つがあります。touchは「ものに触る行為そのもの」を指すのに対して、feelは「ものに触れた結果、何かを感じたり調べたりする行為」を意味します。

いろいろな触る動作

背中を掻いてくれる？
Can you scratch my back?
▲scratch「ひっかく、かゆいところをかく」

A：Can you scratch my back?
B：OK.
A：背中を掻いてくれる？
B：いいよ。

そのボタンを押して。
Press the button.

ケンが私の頭を叩きました。
Ken struck me on the head.
▲strike「叩く」

彼は私の背中を軽くたたいた。
He patted me on the back.
▲pat ～ on one's back「（ほめてたり励ましたりして）人の背中を軽くたたく」

足をくすぐるのをやめて！
Stop tickling my foot!
▲tickle「くすぐる」

肩をマッサージしてもらえますか。
Would you massage my shoulder?

私の腕をつかまないで。
Don't grab my arm.
▲grab「しっかりとつかむ」

彼は緊張すると、いつも指で顎を触ります。
When he gets nervous, he always fingers his chin.
▲finger「指でいじる」

私は膝の上に猫をのせて撫でてやるのが好きです。
I like to pet my cat.
▲pet「愛撫する」

C カジュアルな表現　　**P** 丁寧な表現　　**F** フォーマルな表現

いろいろな感触

とても柔らかいです。
It's very soft.

A：Feel this cloth.
B：It's very soft！
A：この布を触って確かめてみて。
B：とても柔らかいです！

かたいです。
It's hard.
▲hard「物がかたい」。肉や野菜がかたいのはtough、結び目がかたいのはtightを使います。

ふわふわしています。
It's fluffy.

デコボコしています。
It's rugged.

ざらざらです。
It's rough.

すべすべです。
It's smooth.

ゴワゴワです。
It's stiff.

ベトベトです。
It's sticky.

Note [触れて感じるのがfeel]

感触や手触りを述べるときに、「自分が手で触れて感じた結果をいっている」というニュアンスを出したい場合はIt feels 〜という文型を使います。上の手触りを表すフレーズは、It feels soft.／It feels hard.のようにすべてIt feels 〜に置き換えていうことができます。

五感を伝える表現　身体や肌で感じる

五感を伝える表現

身体や肌で感じる

このスカーフはシルクのような手触りです。
This scarf feels like silk.
▲feel like ～「～のような手触りがする」

柔らかい絹の手触りが好きです。
I like the feel of soft silk.
▲このfeelは名詞で「感触、触感」という意味。feel of ～で「～の手触り」

天候の寒暖

寒いです。
It's cold.

A：It's cold.
B：Let's go inside.
A：寒いですね。
B：(家の)中に入りましょう。

肌寒いです。
It's chilly.
▲このフレーズは「ゾクゾクする、寒気がする」と体調を言い表すときにも使います。

© 凍えるようです。
It's freezing.
▲freezingを強調するときvery freezingは間違い。absolutely freezingというので注意しましょう。

暑い。
It's hot.

ものすごく暑い。
It's boiling hot.
▲It's boiling.でも同じ。

暖かい。
It's warm.

涼しい。
It's cool.

暖かくて／涼しくて／気持ちがいい。
It's nice and warm／cool／.

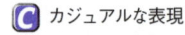

© カジュアルな表現　 ℗ 丁寧な表現　 Ⓕ フォーマルな表現

むしむしする。
It's muggy.

湿気がある。
It's humid.

ここは暑いね。
It's hot in here.

外はどれくらい暑いのですか。
How hot is it outside?

今日は暑い／寒い／ね。
I feel hot／cold／today.
▲feel hot／cold「暑い／寒い」。このfeelは「〜の感じ・心地がする」という意味。

暖かく／寒く／なってきましたね。
It's getting warm／cold／.
▲getting 〜「〜になる」。〜には寒暖を表す形容詞が入ります。

空気はぴりっとしてさわやかです。
The air feels crisp and fresh.

2月にしては穏やかな気候です。
It's mild for February.

Note [暑い／寒いの言い方]

寒暖を表す文型は、It's 〜とI feel 〜の二つがあります。前者は寒暖を客観的に述べており、後者では自分がどう感じているかという主観的なニュアンスが強くなります。上記のIt's 〜の文例は、すべてI feel 〜で言い換えることができます。

五感を伝える表現　身体や肌で感じる

温度

おでこが熱い。
My forehead feels hot.

A：My forehead feels hot.
B：Let's check your temperature.
A：おでこが熱いんだけど。
B：熱を測ってみましょう。

私の顔を触って。冷たいでしょう。
Would you feel my face? It's cold.

今日は外出するには暑すぎます。
It's too hot to go out today.

このスープはなまぬるい。
This soup is lukewarm.
▲lukewarm「微温の」。あるべき温度まで達していないこと。

水が温かい。
The water feels warm.
▲日本語では「感じる」や「触る」の主語は必ず人ですが、英語では物を主語にしてもOKです。

空気が冷たい。
The air feels cold.

お風呂が沸いてないよ。
The bath water is not hot enough.
▲直訳は「風呂の水が十分に熱くなってない」

夕飯が冷めないうちに食べなさい。
Eat your dinner while it's hot.

五感を伝える表現　身体や肌で感じる

C カジュアルな表現　　P 丁寧な表現　　F フォーマルな表現

痛みとかゆみ

右腕が痛みます。
My right arm hurts.

A：Do you have any pain?
B：Yes. My right arm hurts.
A：痛みがありますか。
B：はい。右腕が痛みます。

首が凝っています。
My neck feels stiff.
▲stiff「かたい」。動かしづらく、筋肉が痛い様子を表しています。

足を動かすと痛みます。
It hurts when I move my leg.
▲It hurts when 〜「〜するとき痛む」

お腹が痛みます。
I have a stomachache.

背中がかゆい。
My back feels itchy.

鋭い痛みがあります。
I have a sharp pain.

鈍痛がします。
I have a dull pain.

五感を伝える表現　身体や肌で感じる

> 感覚がない

指の感覚がありません
I can't feel my fingers.

A：It's freezing cold.
B：I can't feel my fingers.
A：凍えるように寒いね。
B：指の感覚がなくなってるよ。

足がしびれた。
My legs went to sleep.
▲go to sleep「手足がしびれる」

膝から下の感覚がまったくありません。
I have no feeling below my knee.
▲feeling「触感、感覚」

右の腕が何も感じません。
I can't feel anything in my right arm.

歯茎の感覚がなくなった。
My gums were completely numb.
▲numb「麻痺した、無感覚な」。歯医者で麻酔をかけるときに、よく耳にする単語です。

注射は痛くありませんでした。
The injection was painless.
▲painless「無痛の」

気持ちを伝える表現

- *Greetings Plus*
- *Communication*
- *Self Introductions*
- *Five Senses*
- *Feelings*
- *Beliefs and Opinions*

喜び

喜びを表す言葉

すごい！
Great！
▲「すごい！」とひと言で言うときのもっとも一般的な表現。That's great!／That's really great!「とてもすごいね！」／Wasn't it great?「すごかったね」など、いろいろなバリエーションが可能です。

A：We won the match.
B：Great!
A：試合に勝ったよ。
B：すごい！

すごい！／素晴らしい！
Excellent!
▲「他より優れている」

Fabulous!
▲「信じられないような」

Fantastic!
▲「途方もない」

Gorgeous!
▲「豪華な」

Neat!
▲「きちんとして素敵な」

Superb!
▲「極上の」

Spectacular!
▲「壮観で人目を引く」

Wonderful!
▲「不思議な、驚くべき」

気持ちを伝える表現　喜び

うまくいった！／やった！／できたぞ！
I made it.
I did it.
You made it!
You did it!
▲この場合のmakeは「首尾よくやり遂げる」という意味。何か成功したり達成したときに言うフレーズです。youが主語の場合は相手の成功や達成を喜んでいることになります。

うわー！
Wow!
▲かなり強い驚きを伴う喜びのときに発する言葉。

いいぞ！／でかした！／ブラボー！
Bravo!

ヤッホー！
Yahoo!
▲「ヤフー」と発音します。

なんてすごい

なんてすごい！
How exciting!
▲感嘆文は喜びや驚きなど強い感情を表すための文です。

A：We'll go to London this summer.
B：How exciting!
A：この夏、私たちはロンドンに行くの。
B：それはすごいね！

なんて美しいんでしょう！
How beautiful!
▲「How＋形容詞〜！」の感嘆文です。状況によって、beautifulをnice「ステキな」、wonderful「素晴らしい」、lovely「愛らしい」、cute「かわいい」など、いろいろな形容詞に換えて言ってみましょう。

なんて素敵なレストラン！
What a nice restaurant!
▲「What (a)＋形容詞＋名詞！」の感嘆文です。

うれしい

うれしい。
I'm glad.

A: Ron got out of the hospital.
B: Really? Oh, I'm glad.
A:ロンが退院したよ。
B:本当? うれしいわ。

喜んでいます。
P **I'm pleased.**
▲pleaseは「満足感」に重点をおいて喜びを言い表すときに使います。happyやgladよりもフォーマルな感じですが、目上の人に対して使うと失礼になることがあります。

大喜びしています。
P **I'm delighted.**
▲喜びの度合いがいちばん強いのが、このdelightedです。

とてもうれしいです。
I'm very happy.
P **I'm very glad.**
P **I'm absolutely delighted.**
▲delightedを強調するときは、veryではなくreally「本当に」、absolutely「まったく」を使います。

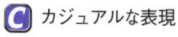

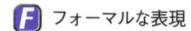

～がうれしい

プレゼントを気に入ってくれてうれしいです。
I'm glad (that) you like the present.
▲「～がうれしい」と、喜びの内容を具体的に言う表現です。that ～かto＋動詞で付け加えます。日常会話ではthatを省略してかまいません。

A：I'm glad you like the present.
B：This is just what I've wanted.
A：プレゼントを気に入ってくれてうれしいよ。
B：これはちょうど欲しかったんだ。

あなたに会えてうれしいです。
I'm glad to see you.

あなたが婚約したと伺って喜んでいます。
I'm delighted to hear you're engaged.

子供ができてうれしいです。
I'm happy about being pregnant.
▲be happy about ～「～がうれしい」、pregnant「妊娠して」

彼と仲直りできてよかったね。
It's great that you made up with him.
▲It's great that…「…はよいことです」。これもthat ～かto＋動詞で具体的な内容を言うことができます。

あなたを手伝えてうれしいです。
It's a pleasure to help you.
▲It's a pleasure to ～「～することは喜びです」

気持ちを伝える表現

喜び

気持ちを伝える表現 / 喜び

最高です

これは最高のバースデイプレゼントです。

This is the best birthday present I've ever had.

▲英語圏の人は比較級や最上級を使って喜びをオーバーに言い表します。

A: This is the best birthday present I've ever had.
B: I'm glad you like it.
A:これは最高のバースデイプレゼントだよ。
B:気に入ってくれてよかった。

今まででいちばんハッピーです。

This is the happiest moment in my life.

君のお手製のパスタがいちばんです。

Nothing can be better than your homemade pasta.

▲Nothing can be better than~「~より良いのはあり得ない」

風呂上がりの冷たいビールほどうまいものはないね。

There's nothing like a cold beer after a bath.

▲There's nothing like~「~のようなものは何もない」

よかったね

よかったね。

I'm happy for you.

▲相手におめでたいこと、いいことがあったときの表現です。Congratulations.「おめでとう」と言うシーンで使ってください。

A: I passed the driving test.
B: I'm happy for you.
A:自動車試験に合格したんだ。
B:よかったね。

C カジュアルな表現　　**P** 丁寧な表現　　**F** フォーマルな表現

よかったね。／いいことだね。／偉いね。
Good for you.
▲「成績がよかった」「健康のために水泳を始めた」など、何かいい話を聞いたときに言ってあげるフレーズです。

よくやったね。
Good job.
▲何かを成し遂げた相手に対して言う表現。

やったね！
You did it.
You made it.
Well done.

よかったですね。
I'm delighted for you.

楽しい

楽しんでいます。
I'm having a good time.
▲have a good time「よい時間を持つ」で「楽しい」という意味になります。

A：How do you like this club?
B：I'm having a good time.
A：このナイトクラブ、気に入った？
B：楽しんでるよ。

これは楽しいです。
This is fun.

楽しんでいます。
I'm having fun.
▲楽しい行事や催し物の最中に、Are you having a good time?／Are you having fun?「楽しんでますか」と聞かれたときの答えです。

楽しかった。
I had a good time.
▲楽しんだ時から時間が経過しているときはhadを使い、楽しいことが終わった直後ならhave hadを使ってI've had a good time.と言います。

I had fun.
▲have fun「楽しさを持つ」で「楽しい」という意味になります。

気持ちを伝える表現　喜び

P **I enjoyed myself.**
▲「楽しい」と言いたいときは、enjoy myself「自分自身を楽しませた」と言い表します。enjoyは自動詞として使えないので、常に「～を」にあたる目的語が必要です。

パーティは楽しかった。
I had a good time at the party.
I enjoyed the party.
C **The party was fun／good／great.**

面白い

面白かった。
That was interesting.
▲interesting 人の興味や関心をそそるような面白さ。特に愉快でなくてもよい。

A：How was the movie?
B：It was interesting.
A：映画はどうだった？
B：面白かったよ。

ニューヨークは面白い街でした。
New York was a fascinating city.
▲fascinating「魅力的な」

それは面白い質問だ。
That's an intriguing question.
▲intrigue「好奇心をそそる」

彼の講義は面白い。
His lectures are stimulating.
▲stimulate「刺激的な」。楽しくて興味深く、新しい考えを喚起するような面白さ。

彼の冗談は面白い。
His jokes are funny.
▲funny「滑稽で、おかしみのある面白さ」

あのジェットコースターは面白かった。
That roller coaster was exciting.
▲exciting「胸がわくわくして躍るような面白さ」

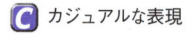

C カジュアルな表現　　**P** 丁寧な表現　　**F** フォーマルな表現

この小説は面白い。
This novel is entertaining.
▲entertaining「人間がつくった音楽や芸事などの娯楽的な面白さ」

このクロスワードは面白い。
The crosswords are amusing.
▲amuse「愉快で人を楽しませるような面白さ」

安心する・ほっとする

ほっとしました。
I'm relieved.
▲be relieved「安心する、楽になる」。I feel relieved.と言ってもOKです。

A：Jan is home.
B：I'm relieved.
A：ジャンが家に帰ってきた。
B：ほっとしたよ。

ああ、ほっとした。
That's a relief.
What a relief!
▲reliefはrelieveの名詞で「心配や悩みが軽減すること」という意味。どちらもI'm relived.と同じ状況で使えるフレーズです。ただしI'm relieved.が自分の気持ちを中心に表現しているのに対して、この2文は「事柄に対してほっとした」と言い表しています。

それを聞いて安心した。
I'm relieved to hear that.
▲be relieved to ～「～して安心する」
It's a relief to hear that.

君が無事に家に帰ってきてほっとしたよ。
I'm relieved you came back home safely.
▲ほっとした内容まで具体的に述べたいときの言い方です。I'm relieved (that)～かI'm relieved to ～、またはIt's ～ to …という構文を使います。

ほっ！
Whew!
▲ほっと安心したときに発する言葉です。

気持ちを伝える表現 喜び

ありがたいことです。

C **Thank goodness.**
▲古めかしい感じの言い回しです。

C **Thank heavens.**
▲直訳はgoodness「Godの婉曲語」／heavens「天国」／に感謝します」

満足する

満足しています。
I'm very satisfied.

A: The meal was delicious, wasn't it?
B: Yes. I'm very satisfied.
A：食事は美味しかったね。
B：うん、満足してるよ。

彼の仕事ぶりには満足しています。
I'm satisfied with his work.
▲be satisfied with ～「～に満足する」

新車に満足しています。
I'm pleased with my new car.
▲be please with ～「～に喜びをもって満足している」

あなたの決断にとても満足しています。

C **I'm perfectly happy with your decision.**
▲日常会話ではsatisfiedよりhappyのほうをよく使います。perfectly happyは「とても満足する」という意味の口語表現です。

感動する

感動しました。
I'm impressed.
▲be impressed「よい印象を受ける」。感動の対象を述べるときはI'm impressed by ～で「～に感動する、感心する」を用います。

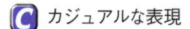

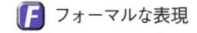

C カジュアルな表現　　**P** 丁寧な表現　　**F** フォーマルな表現

A：Her speech was good, wasn't it?
B：Yeah, I was impressed.
A：彼女のスピーチは良かったね。
B：ええ、感動しました。

その映画に感動しました。
I was moved by the film.
▲be moved by ~「~に感動する、心を動かされる」。受動態を使った言い方です。

That film really moved me.
▲move「(心を)動かす」

The film was impressive.
▲impressive「感動的な、印象的な」

あなたの親切に感動しています。
I'm touched by your kindness.
▲be touched by ~「~に感動する、心をうたれる」。受け身を使った言い方です。touch「心に触れる」。日本語でも「触れる」は「琴線に触れる」と、身体的な接触だけでなく、心にも使いますね。英語のtouchも同様な用い方をします。

Your kindness moved me.

これは感動的な小説だったよ。
This was a touching novel.

それは感動的な体験でした。
It was a moving experience.

気持ちを伝える表現

悲しみ

悲しみ

悲しい

悲しいんです。
I feel sad.

A: I feel sad.
B: What happened?
A: My boyfriend left me.
A: 悲しくて。
B: 何があったの？
A: 彼にふられたの。

何て悲しい知らせなんでしょう。
What sad news!

最近、悲しそうね。
You look sad lately.
▲look sad「悲しそうに見える」

彼女の話を聞いて悲しくなった。
Her story made me sad.
▲make ～ sad「～を悲しくさせる」

悲しむのはやめなさい。
Stop feeling sorry for yourself.
▲sorry for oneself「すっかりしょげる」

P 私の心は深い悲しみでいっぱいです。
My heart has been filled with grief.
▲be filled with ～「～で満ちている」

落ち込む

落ち込んでいます。
I feel depressed.

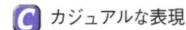

C カジュアルな表現　　**P** 丁寧な表現　　**F** フォーマルな表現

178

A：I feel depressed.
B：You need to get out and do something.
A：気が滅入ってるんだ
B：気分転換が必要なんじゃない。

落ち込んでいます。
I feel down.
▲downの原義は「下の方へ」。feel downは「気持ちが下方に行く」、つまり「落ち込む」という意味になります。

憂鬱そうだね
You look blue.
▲look blue「ふさぎこむ」。blueには「憂鬱な、悲観した」という意味があります。

惨めな気分です。
I feel miserable.

本当に気が滅入るよ。
It's really depressing.

落胆させないで。
Don't get me down.

何もする気がしません。
I don't feel like doing anything.

寂しい

あなたがいないと寂しい。
I miss you.
▲miss「〜がいなくて寂しく思う」

▼出張中の夫から電話がかかってきました。

A：I'll be back on Monday.
B：I miss you.
A：月曜日には戻るよ。
B：あなたがいないと寂しいわ。

あなたがいなくなると寂しい。
I'm going to miss you.

あなたがいなくて寂しかった。
I missed you very much.

ひとりぼっちで寂しい。
I feel lonely.
I feel lonesome.
▲lonesomeのほうがlonelyより寂しさの度合いは強い。

かなりホームシックです。
I'm very homesick.
▲homesick「郷愁にかられた」

心配する

心配していました。
We were worried about you.
▲be worried about ～「～が心配です」。～には人や事柄が入ります。心配ごとが大丈夫だと分かったときに使うフレーズなので、この場合の心配事は一時的なことです。

A：Sorry to be late.
B：We were worried about you.
A：遅れてごめん。
B：心配してたんだよ。

あなたの健康が心配のタネなんです。
I worry about your health.
▲I worried about ～は常に心配している場合に使います。

C 心配しないで。
Don't worry.

P あなたの将来が気にかかっています。
I'm concerned about your future.
▲be concerned about ～「～が気にかかる」

ちょっと心配になっています。
I'm getting a little nervous.
▲feel nervous (about) ～「神経質になる、苦にする」

C カジュアルな表現　　**P** 丁寧な表現　　**F** フォーマルな表現

失望する

がっかりです。
I'm disappointed.

A: How was the date?
B: I was disappointed.
A: How come?
A：デートはどうだった？
B：がっかりしちゃったよ。
A：どうして？

がっかりです！
What a disappointment!
▲感嘆文を使った言い方。

これはがっかりだ。
This is disappointing.

期末試験の結果にはがっかりです。
I'm disappointed at the result of my finals.
▲be disappointedに続く前置詞は、事柄はatで、人はwithになります。

彼には失望したよ。
I'm disappointed with him.

がっかりしないで。
Don't be discouraged.
▲discourage「落胆する」

残念に思う

残念です。
Too bad.
▲Too bad.はThat's too bad.のThat'sを省略した口語的な表現です。

A: Jim can't come to the party.
B: Too bad!
A：ジムはパーティに来られないよ。
B：残念！

実に残念！
What a pity!
▲pity「残念、遺憾なこと」

C **What a shame!**
▲憤懣やるかたない思いの時に言うフレーズです。pityよりshameのほうが口語的です。shame「恥、面目がないこと」

彼が会社をやめるのを見るのは残念です。
It's a shame to see him leave the company.
▲何が残念なのか具体的に言いたいときは、It's a shame to ～／It's a pity to ～「～するなんて残念です」を使いましょう。

その番組を見逃したのは残念だったね。
C **Too bad you missed the program.**
▲Too bad (that) ～「～は残念です」。that以下に残念に思う事柄を入れます。

仕方がないんです／しょうがないんです。
C **It can't be helped.**
▲「その状況はどうしようもない、誰のせいでもない」という意味の決まり文句です。

私のできることは他に何もなかったんです。
There's nothing I can do about it.
▲There's nothing I can ～「私に～できることは何もなかった」と、無力感を伴う後悔を言い表すフレーズです。

後悔する

あんなことをして後悔しています。
I regret doing that.
▲regret ～ing「～を後悔する」。後悔の気持ちを表す改まった表現です。～ingの変わりにto不定詞を持ってくることもできます。

A：I regret doing that.
B：It's too late to be sorry.
A：あんなことをして後悔してます。
B：後悔先に立たずだよ。

▲It's too late to be sorry.「後悔するには遅すぎる」という諺。It's no use crying over split milk.「こぼれた牛乳に泣き叫んでも仕方がない」というフレーズもあります。

後悔しています。
I feel sorry.
▲sorryはregretよりもくだけた感じの言葉です。

よくないと思っています。
C **I feel bad about it.**
▲feel about 〜「〜を後ろめたく思う」

悪いと思っています。
I feel guilty about it.
▲feel guilty「罪悪感がある、後ろめたく思う」

軽率でした。
I was careless.

やりすぎでした。
I went too far.
▲went too farの直訳は「遠くに行きすぎた」、つまり「やりすぎ、行き過ぎ」の意味になります。

失敗した。
C **I blew it.**
▲blow it「ふいにする、パーにする」

C **I screwed up.**
▲screw up「へまをして台なしにする」

C **I messed up.**
▲mess up「混乱状態に陥る」。いずれも会話ではよく使います。

あんなことをしなければよかった。
I shouldn't have done it.
▲should have doneは仮定法過去完了。「実際には〜だったらよかったのに」と過去の事実に反対のことを言って後悔の気持ちを表す言い方です。

困る

困っています。
I'm in trouble.
▲深刻に困っているときに用いる表現です。

> A: I'm in big trouble now.
> B: What's the matter?
> A: 今、とっても困ってるんです。
> B: どうしたの？

問題があるんです。
I have a problem.
▲ちょっとした悩みや困り事に使うフレーズです。

苦しい立場にいるんです。
I'm in a tough spot.

どうしようかと思ってます。
I'm at a loss.
▲be at a loss「途方に暮れる」

それは困ったことですね。
That's a problem.

彼にも困ったものだ。
He is a nuisance.
▲nuisance「迷惑をかける人や物」

どうしたらいいのでしょうか。
What should I do?
What am I supposed to do?
▲be supposed to ～「～することになっている」
What am I going to do?
▲be going to ～「～する予定である」

どうしたらいいか分かりません。
I don't know what to do.

ああ、どうしよう。
Oh, no.
▲困ったときに発する言葉です。

あっいけない！
Oops!
▲ちょっとした粗相をしたときに発する言葉です。

悩む

あなたの悩みは何ですか。
What is troubling you?
▲悩みは、trouble「悩む、苦悩する」か、worry「心配する」で言い表します。troubleのほうがカタイ感じの言葉です。

A：What is troubling you lately?
B：Well, I have a problem.
A：最近、何を悩んでいるの？
B：ええ、困っているの。

息子の非行に悩んでいます。
I'm troubled with my son's behavior.

腰痛に悩んでいます。
I'm bothered by lower back pain.
▲be bothered by ～「～に悩まされる」。長期間に渡って苦しんでいる病気にはbe suffered from ～「～に苦しんでいる」という表現を使います。

悩んでいます。
I can't make up my mind.
▲make up one's mind「決心する」。直訳は「決心がつかない」

悩む必要はありませんよ。
There's no need to worry about it.
▲悩んでいる人を慰める表現です。

怒り

怒ったときの言葉

ちぇっ。／やだっ。／くそっ。
Shoot!
▲不快やいらだちを表す言葉で、shitの婉曲語です。

A：Shoot! I missed the last train.
B：I'll drive you home.
A：ちぇっ！ 終電に間に合わなかった。
B：僕が車で家に送るよ。

ちぇっ。
C **Oh, no.**
C **Shucks.**
▲shuckは「穀類の皮や貝の殻のこと」。複数形で「つまらない無価値な物」という意味。

ちくしょう。
C **Heck.**
▲heckは当惑、拒否、嫌悪などを表します。hellの婉曲語。

くそっ。
C **Shit.**
▲最近の映画では多用されていますが、かなり下品なスラングなので使わないでください。

何てことだ。
C **Damn it.**
▲damn itは「それを呪う」という意味。これも汚い言葉なので使わないように。

怒る

怒っています。
I'm mad.
▲madは怒っている状態を表すときによく使われる、くだけた感じの口語表現です。アメリカ英語で用いられます。

C カジュアルな表現　**P** 丁寧な表現　**F** フォーマルな表現

A：Why are you in a bad mood today?
B：I'm mad.
A：About what?
A：今日はなぜ機嫌が悪いの。
B：怒ってるんだ。
A：何について？

怒っています。
I'm angry.
▲angryは「怒っている」ことを表すもっとも一般的な言葉。

I'm upset.
▲upset「気が動転する」

I'm getting mad.
▲get mad外部に何らかの怒りを誘発する要因があって、「怒らされている」というニュアンス。get angryでも同じ。

彼女はかんかんに怒ってたよ。
She was furious.
▲furious「怒り狂う、激怒する」。とても強い怒りを表す言葉です。

そのことにとても不満です。
I'm very unhappy about it.

非常に不満足です。
I'm extremely displeased.
▲extremely「かなり、非常に」。displeaseは不満足で怒りを感じている様子を表す。

Column [悪いスラングは使わない]

怒りの言葉には、悪いスラングがたくさんあります。スラングを使いこなすには、ネイティブと同じくらいの英語力が必要。微妙なニュアンス、その言葉を発する状況やタイミングまで、100パーセント理解しているという自信がないかぎり使わないでください。
下品なスラングは、その言葉を発したということだけで、人格を疑われることもあります。英語が母国語でない私たちは、映画を見たりや小説を読むときに理解できれば十分です。

～に怒る

トムには頭にきてるんだ。
I'm mad at Tom.
▲be mad at ～「～に対して怒る」

A：I'm mad at Tom.
B：What did he do to you?
A：トムは頭にくるよ。
B：彼、あなたに何をしたの？

ローラには頭にきてるんだ。
I'm angry with Lora.
▲be angry with ～「～に腹を立てる」

彼女には頭にくるよ。
She makes me angry.
▲腹立たしい相手を主語にした言い方です。

C **She drives me mad.**
▲～ drive me mad「～には頭にくる」

彼女が旅行をやめたことに怒ってるんだ。
I'm angry that she cancelled the trip.

君の態度の悪さに怒ってるんだ。
I'm angry about your bad attitude.

人を拒絶する

あなたには関係ない。
That's none of your business.
▲このフレーズのbusinessは「干渉する権利、筋合い」という意味。none of one's businessで「～の干渉する権利は何もない」ということになります。

C カジュアルな表現 **P** 丁寧な表現 **F** フォーマルな表現

A: Why don't you stop smoking?
B: That's none of your business.
A: なんで煙草をやめないの？
B: 君には関係ないよ。

もう十分だよ。
That's enough.
▲相手の言い訳を、「もう十分！」とさえぎるときに使います。

人のことにかまわないで。
Mind your own business.
▲直訳は「自分のことを気にしていなさい」

私を一人にして。
Leave me alone.

出ていってくれ！
Get out of here!

いらいらする

彼女にはいらいらさせられる。
She gets on my nerves.
▲nerveは「神経」。get on ~'s nervesで「~の神経にさわる」

A: Jane really irritates me.
B: She gets on my nerves, too.
A: ジェーンには頭にくるよ。
B: 私も彼女にはいらいらさせられてます。

彼にはいらいらさせられる。
He irritates me.
▲irritate「じりじりさせる、怒らせる」

彼の言葉は神経にさわった。
His words touched a nerve.

私は彼が苦手なんです。
He is a pain in the neck.
▲pain in the neckは例えの表現。「いやな人や事柄、悩みの種」を「首の痛み」と言い表しています。

気持ちを伝える表現　怒り

君には我慢の限界です。
I'm losing my patience with you.
▲lose one's patience with ～「～への忍耐を失う」

うんざりする

うんざりです。
I've had enough.

A：How about a spaghetti for dinner?
B：Not again! I've had enough.
A：夕飯はスパゲッティでいい？
B：もういいよ！　うんざりだよ。

▲Not again. 同じ事を何度もされてうんざりしているときに使います。「今度は勘弁！」という意味です。

仕事にうんざりしてるんだ。
I'm tired of working.

勉強はうんざりだよ。
I'm sick of studying.

彼には本当にうんざりしています。
I'm sick and tired of him.
▲sick and tired of ～「とてもうんざりする」

この暑さにはうんざりしています。
I've had enough of this hot weather.

彼の際限ない話にうんざりしている。
I'm fed up with his endless talk.
▲be fed up with ～「～に辟易する」。fedはfeed「食べさせる」の過去分詞です。fed up「目一杯食べる」から「うんざりする」という意味になります。

もうたくさんだ。
Give me a break!
▲「break（休憩、休み）をくれ」ということは、「もうわずらわせないで」ということ。

やめてくれ。
Cut it out.
▲cut out「（おしゃべりなどを）やめる」

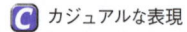

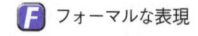

驚き

驚いたときの言葉

ワーオ！
Wow!

A: Wow!
B: What happened?
A: I won the lottery.
A: ワーオ！
B: どうしたの？
A: 宝くじに当たったよ。

何だって?!
What?!

おやまあ！
Oh, my!
Oh, my God!
▲キリスト教ではGod「神」という言葉をみだりに使うことはよくないとされているので、この言い方を好まない人もいます。

Oh, my Gosh!
▲GoshはGodの婉曲語で、Oh, my God!よりはましな言い方とされています。

Oh, boy!

あらまあ！
Oh, dear!
My goodness!
Heavens!

驚く

驚きました。
I'm surprised.
▲be surprised驚きを表すもっとも一般的な表現です。

> A：He got accepted to Yale.
> B：I'm surprised.
> A：彼、エール大学に受かったよ。
> B：びっくりだね。

びっくりしました。
I'm amazed.
I'm astonished.

それはびっくりだね。
That's surprising.
That's amazing.
▲驚いた事柄を主語にした言い方です。

それは初耳です。
That's news to me.
▲news「興味ある事件」

びっくりして言葉もなかったよ。
I was totally speechless.

ああ、びっくりした。
You surprised me.
▲驚かされたときに言うフレーズです。

Note [びっくり！の使い分け]

驚いたときのもっとも一般的な表現はbe surprisedです。be astonished／be amazedは、どちらも驚きの度合いがbe surprisedより強い場合に用います。be amazedはよいことに驚いたときに使うのが普通です。be astonishedはあり得ないようなことに驚いたときに使います。

C カジュアルな表現　　P 丁寧な表現　　F フォーマルな表現

P そのニュースには驚きましたね。
The news came as a surprise.
▲~ come as a surprise「～が驚きである」

C 驚かせるつもりはなかったんだ。
I didn't mean to make you jump.
▲make ~ jump「(驚いて)跳び上がる、びっくりする」

うれしい驚き

これは驚いた！
What a surprise!

A：This is a birthday present for you.
B：What a surprise! Thanks.
A：これは誕生日のプレゼントよ。
B：これは驚いたね！ ありがとう。

これは驚いた。／驚いたね。
That's surprising!
This is a nice surprise.
That's amazing!

それはたいしたものだ！
That's really something!
▲something「驚くべきもの、重要なもの」

～に驚く

そのニュースに驚きました。
I was surprised at the news.
▲be surprised at ～「～に驚く」

A：I was surprised at the news.
B：So was I.
A：そのニュースには驚いたよ。
B：私もビックリしたわ。

気持ちを伝える表現

驚き

それを聞いて驚きました。
I'm surprised to hear it.
▲I'm surprised to〜「〜して驚く」。toのあとにはsee／hear／learn／find outなどの知覚動詞がよく使われます。

彼女の質問にびっくりしました。
I was surprised by her question.
▲be surprised by 〜「〜によって驚く」

彼が私の誕生日を覚えていたことに驚きました。
I was surprised that he remembered my birthday.
▲be surprised that 〜「that以下の〜に驚く」

サラが彼にパンチをお見舞いしたときはビックリしたね。
I was surprised when Sarah punched him.
▲be surprised when 〜「〜の時には驚いた」

彼の態度が変わったのにとても驚いてます。
I'm amazed by the change in his attitude.

ふたりがキスをしていたのを見てびっくりした。
I was astonished to see them kissing.

信じられない

信じられません。
I don't believe it.
▲驚きや不振の気持ちを言う表現です。

A：Bill was promoted to manager.
B：I don't believe it!
A：ビルは課長に昇進したよ。
B：信じられないわ！

信じられません。
I can't believe it.
I can hardly believe it.
▲hardly「ほとんど〜でない」

It's hard to believe.
▲直訳は「信じることは難しい」。上記の3つの文で驚きの度合いは I can't believe it.がいちばん高い。

C カジュアルな表現　　P 丁寧な表現　　F フォーマルな表現

目を疑うような光景だ。
I can't believe my eyes.
▲I can't believe my ears.と言うと「耳を疑うような話だ」ということになります。

それは信じられない。
That's unbelievable.
▲unbelievable「信じがたい」。That'sを省略してUnbelievable!と言うと、もっとくだけた感じになります。

That's incredible.
▲incredible「途方もない」

信じられる？
Can you believe it?

こんなことって信じられない。
I don't believe this.
▲例えば、帰宅したら部屋が荒らされてメチャクチャになっていた…など、目の前でビックリ呆然とするような状況が繰り広げられているときに使います。

意外です

ここで君に会うとは思いませんでした。
I didn't expect to see you here.
▲I didn't expect to ～「～するとは予期していなかった」

A: Long time no see!
B: Really. I didn't expect to see you here.
A:久しぶり！
B:本当だね。ここで君に会うとは思わなかったよ。

予想もしていませんでした。
I never expected that.
▲never expected「まったく期待していなかった」

考えてもみませんでした。
I never thought about that.

想像もしませんでした。
I never imagined that.

気持ちを伝える表現

驚き

気持ちを伝える表現　驚き

本当ですか

本当ですか。
Really?
▲相手が言ったことに疑問を呈する表現。語尾は上げ調子で言います。

A：John got divorced.
B：Really?
A：ジョンが離婚したよ。
B：本当なの？

本当ですか。
Is that true?
▲true「真実」

Is that right?
▲「本当の、正しい」

確かですか。
Are you sure?

そうなの？
Is that so?

C **Oh, yeah?**
▲最後を上がり調子で言います。相手の言った事を受けて「そうなの？」という感じのあいづちです。

本気ですか。
Are you serious?
▲serious「真剣な、冗談ではない」

C 本気で？
Seriously?

冗談でしょう？

冗談でしょう！
You must be joking!
▲信じがたい話や意外なことを聞いたときに、驚きの気持ちを表す言い方です。

C カジュアルな表現　　**P** 丁寧な表現　　**F** フォーマルな表現

A：Mary is getting married.
B：You must be joking!
A：メアリーが結婚するんだって。
B：冗談でしょう!

からかってるんだね!
C **You're kidding!**
▲kid「からかう」

からかっているの。
Are you kidding?

からかうのはやめて。
No kidding!

からかっているんでしょう。
You've got to be kidding.
▲have got to be ～「～に違いない」

C **Are you putting me on?**
▲put on「だます、からかう」

C **Are you pulling my leg?**
▲pull one's leg「人をからかう、人に一杯くわせる」

あり得ない

そんなはずがない。
It can't be.

A：Tom was involved in the car accident.
B：It can't be.
A：トムがその自動車事故に巻き込まれたんだ。
B：そんなはずないよ!

本当であるはずがない。
It can't be true.

それはあり得ないよ。
That's impossible!
▲impossible「不可能な」

まさか！
C **You don't say!**
▲相手の話が意外だったときに使う決まり文句です。慣用表現としてこのまま覚えてください。

あり得ないよ！
C **No way!**

ショックを受ける

ショックです。
I'm shocked.

A：He flunked the exam again.
B：I'm shocked.
A：彼、また試験を落としたんだ。
B：ショックだわ。

ショックです！
What a shock!
▲感嘆文を使った表現です。

I'm in shock.
▲in shock「ショック状態で」

同僚の死にショックを受けました。
I was shocked by my colleague's death.

唖然としています。
I'm stunned.
▲stun「どぎもを抜く」。ショックで何も言ったりしたりできなくなること。

それはショックだったでしょうね。
That must have been a shock.
▲ショックを受けている相手を慰める言葉。

（ショックで）言葉もなくなった。
I was totally speechless.

C カジュアルな表現　**P** 丁寧な表現　**F** フォーマルな表現

いろいろな感情

怖い

怖いんです。
I'm scared.
▲be scared「怖がる」。突然に一時的な恐怖心が起こったときに使います。

A: I'm scared.
B: It's just a movie.
A: 怖いよ。
B: ただの映画じゃないか。

怖い。
I'm frightened.
▲frightenは「(一時的に)ぎょっとする」。scareより改まった言葉。

I'm terrified.
▲frightenやscareより恐怖の度合いは上で、衝撃的な強い恐怖のときに使います。

I'm horrified.
▲身の毛がよだつような恐怖のときに用いる。

私は上司が怖いです。
I'm afraid of my boss.
▲be afraid of ~「~を恐れる」。一時的な怖れではなく、いつも怖がっているという意味があります。

歯医者を怖がる人は多い。
A lot of people are frightened of dentists.

あのお化け屋敷は本当に怖かったね。
That haunted house was really scary.

それは恐ろしい話だ。
That's a horrible story.

鳥肌が立ったよ。
I've got goosebumps.
▲get／have goosebumps「鳥肌が立つ」。goosebumpsは「鳥肌、総毛立ち」という意味。

気持ちを伝える表現 いろいろな感情

興奮する

わくわくしています。
I'm excited.
▲be excited「わくわく、ドキドキ、はらはらする」

A: We're all excited!
B: What's going on?
A: Anne is coming back home tomorrow.
A：僕たちみんなわくわくしてるんだ。
B：何があるの？
A：明日、アンが家に帰ってくるんだ。

わくわくするね！
This is exciting!

もう待っていられない気分だよ。
I just can't wait.

映画は本当にわくわくしたね。
The movie was really exciting.

そのゲームはスリル満点だったね。
The game was thrilling!

そのニュースにドキドキしました。
I was thrilled by the news.
▲be thrilled「幸せや喜び、驚きで興奮する」

C 興奮しないで。
Don't get excited.
▲「落ち着いて」という意味になります。

たいくつする・あきる

たいくつしています。
I'm bored.
▲be boredは、内容がつまらなくてたいくつする気持ちを表す言葉です。

C カジュアルな表現　　**P** 丁寧な表現　　**F** フォーマルな表現

A: I'm bored.
B: Why don't you help me with the house chores?

A: たいくつだ。
B: 家の雑用を手伝ってくれたらどうなの？

あの映画はたいくつだったね。
That movie was boring.
▲~is boring「~はたいくつです」

彼の講義はいつもたいくつだ。
I'm always bored with his lectures.
▲be bored with ~「~にたいくつする」

勉強にはあきあきです。
I'm tired of studying.
I got tired of studying.
▲be／get／tired of~ing「~するのにあきる」getのほうが口語的。

スキーにあきたよ。
I lost interest in skiing.
▲lose interest in ~「~に興味を失う」
I've had enough of skiing.
▲have enough of ~「~は十分だ」

うらやむ

あなたがうらやましい。
I envy you.
▲envy「うらやむ」

A: I'm being transferred to the New York office.
B: That's great! I envy you.

A: ニューヨークのオフィスに転勤になるんだ。
B: それはすごいね！　うらやましいよ。

うらやましいね！
How I envy you!

私があなただったらいいのに。
I wish I were in your shoes.
▲in one's shoes「〜と同じ立場に」。よい立場、悪い立場の両方に使う。

あなたのようなドレスを持ってたらなあ。
I wish I had a dress like yours.
▲I wish 〜「〜だったらなあ」という実現不可能な希望を述べるときに使います。ほめ言葉の一種として用いることができます。

ジムは彼女のことで私に嫉妬しているんだ。
Jim is jealous of me being with her.
▲be jealous of 〜「〜に嫉妬する」

それは単なる負け惜しみだよ。
It's just sour grapes.

恥ずかしい

恥ずかしい。
I'm embarrassed.
▲embarrass「きまりが悪い」。I feel embarrassed.とも言います。

A: I heard you couldn't get out of the bathroom.
B: Who told you that? I'm embarrassed.
A：トイレから出られなくなったんだって？
B：誰が言ったの？ 恥ずかしいわ。

Note ［酸っぱい葡萄はくやしい〜！］

sour grapesとは、自分の手に入らなかった物事の悪口を言って気休めにすること、つまり"負け惜しみ"です。葡萄がとれなかったキツネが、「ふん、あんな葡萄はどうせ酸っぱいさ」と負け惜しみを言うイソップ物語が出典です。この表現の使い方は、例えばテニスの試合に負けた後で、「テニスって本当にくだらないスポーツよね」と、言ったとします。これは明らかに負け惜しみですね。このような言動をIt's just sour grapes.というのです。

恥ずかしい。
I feel embarrassed.
I'm ashamed.

なんて恥ずかしいんでしょう！
How embarrassing!

私は父の悪いマナーが恥ずかしかった。
I was embarrassed by my father's bad manners.
▲be embarrassed with ～「～を恥じる」

あなたに嘘をついて恥ずかしく思います。
I'm ashamed of lying to you.
▲be ashamed of ～ing「～することを恥ずかしく思う」

恥を知りなさい。／みっともない／あきれたよ。
You should be ashamed of yourself.
Shame on you!

なんて恥ずかしい！／ひどいことだ！／かわいそうだ、残念だ！
What a shame!

それは恥さらしだ。
It's a shame.

そのパーティは気詰まりだった。
I felt awkward at the party.
▲awkward「間が悪い、ばつが悪い」。恥ずかしくて自然にふるまえないこと。

赤面してしまいました。
I became red-faced.

Note [embarrassedとashamed]

embarrassは、人前での失敗やばかげた言動や行動のために、一時的にバツが悪い思いや照れくさかったときに使います。日本的な"恥"の感覚に近い言葉で、社会や世間を意識した恥ずかしさを表します。一方、ashamedは悪い行いをして罪の意識で自分を恥じている場合に使います。

フォーマルな席はいつも居心地が悪いです。
I always feel uncomfortable at a formal occasions.
▲feel uncomfortable「居心地が悪く思う」

彼に謝らなければならなかったことは屈辱的でした。
It was humiliating to apologize to him.
▲humiliating「屈辱的な、面目ない」

私は恥ずかしがり屋です。
I'm shy.
▲shy「人見知りな、内気な」。人前に出ると臆病で内気になること。

彼は照れ屋です。
He's bashful.
▲bashful「はにかみ屋、照れ屋」。すぐに赤くなったり照れたりすること。

気持ちがいい

気持ちがいいね！
It feels good.
▲It feels〜「〜は気持ちがいい」。気分や気持ちがいいときに言うフレーズです。気持ちがよい事柄を主語にした言い方です。

A：It feels good!
B：Yeah, I just love to soak in a hot bath.
A：気持ちいいね。
B：そうだね、私も温泉につかるのは大好き。

とても気持ちがいい。／気分がいい。
C I feel so good.
C I feel great.
▲I feel〜「私は〜と感じる」は自分を主語にした表現です。

朝、熱いシャワーを浴びるのは気持ちがいい。
It feels good to take a hot shower in the morning.

C カジュアルな表現　　**P** 丁寧な表現　　**F** フォーマルな表現

考えや意見を伝える表現

- *Greetings Plus*
- *Communication*
- *Self Introductions*
- *Five Senses*
- *Feelings*
- *Beliefs and Opinions*

自分の考えを伝える

思いや考えを言う

彼は正しいと思います。
I think he is right.
▲think「〜だと考える」。thinkは手に入るデータを判断材料として、論理的・客観的に自分の考えを語るときの言葉です。

A: I think he is right.
B: Are you sure?
A：僕は彼が正しいと思うな。
B：本当にそう思う?

よく考えてみます。
I'll think it over.
▲think over「熟考する」

考える時間が必要です。
I need more time to think.

真剣に自分の将来について考えたことはないんです。
I've never seriously thought about my future.

医者として働くことを考えたことはありますか。
Have you considered becoming a doctor?
▲consider「よく考える、熟考する」

明日は雨になると思います。
I believe it may rain tomorrow.
▲believe「〜だと思う」。believeは特に根拠がない感覚的・主観的な思いや考えを述べるときに使います。

彼は来ると思います。
I believe he'll come.

彼らは大阪へ引っ越したと思います。
I think they've moved to Osaka.
▲think「〜だと思う」。日常会話では、believeのように漠然とした推測や主観的な思いを言うためにもよく使われます。

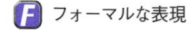

私は彼がよい歌手だと思います。
I think he is a good singer.

何を考えているの。
What are you thinking about?

感じたことを言う

彼女と付き合うのをやめようかなと思っています。
I feel I should stop seeing her.
▲feel「(なんとなく)〜と感じる、〜のような気がする」。そう思う根拠が薄弱なときに使います。

A: I feel I should stop seeing her.
B: You don't have to.
A: 彼女と付き合うのをやめようかなあ。
B: その必要はないよ。

外出したい気分です。
I feel like going out.
▲feel like 〜ing「〜したい気がする」

きっと以前にお会いしたと思います。
I feel certain we've met before.

Column [英語には"思う"がたくさん]

"思う"とは人や事柄などに向かって心を働かせ、ある気持ちを持つことです。"思う"の内容がどんなことかはケースバイケース。"恋人のことを思う"のように情緒的なものから、"転職しようと思う"のように論理的な思考の場合もあります。日本語では"思う"ひとつで、いろいろな心の動きを表現できますが、英語では"思う"の中身によって言葉の使い分けが必要になります。一見すると大変なようですが、コミュニケーションギャップが生まれる可能性は少なくなります。できるだけ曖昧さを排除しようとする多民族国家における言語の特徴なのです。

考えや意見を伝える表現　自分の考えを伝える

前にもここに来たことがあるような気がします。
I feel as if I've been here before.
▲feel as if ～「あたかも～のように感じる」

あなたは働き過ぎだと思います。
I have a feeling that you work too hard.
▲I have a feeling (that) ～「～という感じを持っています」。feeling は知的・論理的な根拠に基づかない直感的な感じ。

彼らは未成年のような感じがしました。
I got the impression that they were minors.
▲get the impression (that) ～「～との印象を受ける」。impression は「漠然とした考え」

信じる

彼を信じています。
I believe him.
▲believe「信用する」。十分な根拠があって信じているときに使います。

A：I believe him.
B：You should talk to him one more time.
A：私は彼を信じています。
B：もう一度、彼と話をしたほうがいいよ。

幽霊がいると思う？
Do you believe in ghosts?
▲believe in ～「～の存在を信じる」

私の母はクリスチャンです。
My mother believes in God.
▲believe in ～「～を信仰する」

彼の言ったことを信用しています。
I trust what he said.
▲trust「信用する」

彼の話は信じられないよ。
His story is too good to be true.
▲too good to be true「真実であるにはあまりにもうますぎる」

確信する

きっと彼女は試験に受かると思います。
I'm sure she'll pass the exam.
▲I'm sure ～「きっと～だと思う」。確信を述べるときによく使う口語表現です。

A: I'm sure she'll pass the exam.
B: I hope so.
A: 彼女は試験にきっと受かるよ。
B: そうだといいんだけど。

きっとあの喫茶店にお財布を忘れたんだと思います。
I think I must have left my wallet at that coffee shop.
▲I think I must have ～「～に違いないと思う」。論理的に考えた末の確信を述べるためのthinkです。

きっとエンジンが何かおかしいんだと思います。
I believe there's something wrong with the engine.
▲I believe (that) ～「間違いなく～だと考える」

彼女がそれを言ったと確信しています。
I'm convinced she said it.
▲be convinced (that) ～「～を完全に確信する」

きっと彼は遅れてくると思うよ。
I bet he arrives late.
▲I bet (that) ～「きっと～だと思う」。くだけた感じの口語表現です。

確実に8時までに終えることができると思います。
I'm positive I can finish this by eight.
▲positive「肯定的な、前向きな」

それは確かです。
That's for certain.
That's for sure.
▲for sure「確かに」

考えや意見を伝える表現 / 自分の考えを伝える

考えや意見を伝える表現 / 自分の考えを伝える

決意・決心する

毎朝ランニングをすることに決めたんです。
I've decided to run every morning.
▲decide「決める、決心する」。I've decided ~と現在完了形にすると、いまもその決心が続いていることを表しています。

A: I've decided to run every morning.
B: Good for you.
A: 毎朝ランニングをすることに決めたんだ。
B: いいことだね。

大学院に進むことを決心しました。
I made up my mind to go on to a graduate school.
▲make up one's mind「決心する」

11時前には寝ることに決めています。
I make it a rule to go to bed by eleven.
▲make it a rule to ~「~することを自分の規則にしている」

決心がつきません。
I can't decide.
It's hard to decide.
▲直訳は「決めるのは難しい」

それはあなたが決めることです。
That's for you to decide.

予定・計画を言う

留学しようと思っています。
I'm planning to study abroad.
▲be planning to ~「~するつもりです」。進行形を使うと計画が実際に進んでいるというニュアンスが出ます。

C カジュアルな表現　**P** 丁寧な表現　**F** フォーマルな表現

A: What are you going to do after graduation?
B: I'm planning to study abroad.
A：卒業後はどうする予定なの？
B：留学しようと思ってるんだ。

この週末は京都に行くつもりです。
I'm going to Kyoto over the weekend.
▲be going to ～現在進行形は、近い未来の予定を語るときに使います。

その会議には行くつもりです。
I intend to go to the meeting.
▲intend to ～「～する意志がある」。be going to ～より改まった感じの表現です。

想像・推測する

彼女はとうに30を過ぎてると思います。
I guess she's well over thirty.
▲I guess ～「～と推測する、見当をつける」。確かな根拠もなく、ありそうなことを推測したり、当て推量の意見を言うときに使います。

A: How old is she?
B: I guess she's well over thirty.
A：彼女はいくつかな。
B：とうに30を過ぎてると思うよ。

君なしの人生は想像できません。
I can't imagine life without you.
▲imagine「想像する」

彼はジュリアが好きなんじゃないかな。
I suppose he likes Julia.
▲suppose「想像する」。議論や説明の都合上、ある事柄が真または偽と仮定・想像して物事を述べるときに使います。

あなた、疲れてるんじゃないの。
I guess you're tired.

エイミーはいい娘のように思えるけど。
It seems to me Amy is a nice girl.
▲It seems to me ～「私には～のように思える」

考えや意見を伝える表現

自分の考えを伝える

C

ロンは今、シカゴにいると思います。
Ron is in Chicago now, I think.

スミスさんですね。
You're Mr. Smith, I guess.

▲会話ではRon lives in Chicago now, I think.と、I thinkを文の最後に言うことがよくあります。I believe／I suppose／I guessも同じです。

人から聞いた話しを伝える

彼女はマージャンが強いんだって。
I've heard she's good at mahjong.

▲I've heard (that) 〜「〜だそうだ、〜と聞いている」

A：I've heard she's good at mahjong.
B：I can't believe it!
A：彼女はマージャンが強いんだって。
B：信じられない！

彼、ずっと病気なんだって。
I hear he's been sick.

▲I hear (that) 〜「〜だそうだ」。この言い回しは、厳密にはI've heardと言うべき表現ですが、日常会話ではI hear 〜は慣用的に使われています。

アンが先週、骨折したそうです。
I heard Anne broke her leg last week.

来月から電車賃が上がるそうです。
They say the train fares will go up next month.

▲They say (that) 〜「〜だそうだ、〜ということだ」。この場合のtheyはpeopleとイコールで、不特定多数の人々を表しています。

聞き間違いでした。
I heard it wrong.

C カジュアルな表現　　**P** 丁寧な表現　　**F** フォーマルな表現

疑いを話す

彼は嘘をついていると思います。
I suspect he is lying.
▲suspect「〜を疑う」。はっきりした証拠がないのに、偽りや欠陥、好ましくないことなどがあるのではないかと疑ったり、怪しく思ったりすること。

A：What do you think of what he said?
B：I suspect he is lying.
A：彼が言ったことをどう思う？
B：嘘をついてると思うよ。

彼の話は疑わしい。
I doubt his story is true.
▲doubt「疑わしく思う、信用できない、確信がない」。事柄や物事の真実性を疑うこと。

そうは思わないな。
I doubt it.

期待する

君に会えると思っていました。
I expected to see you.
▲expect「期待する、予期する」。人や物事の出現や到来を待ち受けること。良いこと・悪いこと、どちらにも使います。

A：I expected to see you.
B：Sorry, I had a change of plans.
A：君に会えると思っていました。
B：ごめん、予定が変わったんだ。

彼がお金を返してくれると思っています。
I expect him to pay me back.

彼はもうすぐ来ると思うよ。
He'll be here soon, I expect.
▲会話ではI expect.を文の最後に付けることがあります。

こんなことが起こるとは思いませんでした。
I never expected this to happen.
▲「いいこと・悪いこと」のどちらにもexpectを使うことができます。

そのレストランの食べ物は思ったより悪くなかった。
The food at that restaurant was not as bad as I expected.

また君に会うことを楽しみにしています。
I'm looking forward to seeing you again.
▲look forward to ～ing「～することを期待する」

希望や願いを言う

一緒に行けたらいいなあ。
I wish I could go with you.
▲I wish I could ～「～できたらいいのに」。現実には叶えられない希望や願いを言うときに使います。

A：I wish I could go with you.
B：Maybe next time.
A：一緒に行けたらいいなあ。
B：次の機会にね。

来年カナダへ旅行したいと思っています。
I'm hoping to travel to Canada next year.
▲hope to ～「（望ましいことを）思う、期待する」。that ～かto ～で具体的な内容を言及します。

私の願いは留学することです。
My wish is to study overseas.
▲wish「実現不可能または困難な望み」という意味です。

私は医者になりたいです。
I want to be a doctor.
▲I want「私は～を欲する、望む」。丁寧に言いたいときはI'd like to ～を使います。

C 君が手伝ってくれたらいいんですが。
It would be nice if you heled us.
▲It would be nice if ～「もし～してくれたらいいんだけど」。遠慮がちに要望や希望を言うときの言い方です。

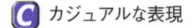

C カジュアルな表現　　**P** 丁寧な表現　　**F** フォーマルな表現

相手の考えを聞く

話を促す

もっと話してください。
Tell me more about it.

A: Tell me more about it.
B: Sure.
A: もっと話してください。
B: もちろん。

先を続けてください。
Please go ahead.

どういうことですか。/何ですか。
What is it?

それで?/ほう?
Yes?

それから?
And?

▲Yes?/And?は上がり調子で言います。

意見を尋ねる

私の新しいジャケットどう思う?
What do you think of my new jacket?

▲What do you think of 〜?「〜をどう思いますか」

A: What do you think of my new jacket?
B: It looks nice on you.
A: 私の新しいジャケットどう思う?
B: よく似合ってるよ。

どう思いますか。
What do you think?

あなたの意見はどうですか。
What's your opinion?

あなたの答えは？
What's your answer?

中絶についてどう思いますか。
What's your opinion about abortion?
▲What's your opinion about ～?「～についてどのような意見ですか」

リサイクルについてどう思いますか。
How do you feel about recycling?
▲How do you feel about ～?「～についてどう感じていますか」

彼はその仕事に就けると思いますか。
Do you think that he will get the job?
▲Do you think that ～?「～と思いますか」

賛否を問う

賛成ですか。
Are you for it?
▲forは支持や擁護を表して「～の側に」という意味です。

A：Are you for it?
B：Sure.
A：賛成ですか。
B：もちろんです。

P 賛成ですか。
Do you agree?

反対ですか。
Do you disagree?
C **Are you against it?**
▲against「～に反対して」

賛成それとも反対？
Do you agree or disagree?
C **Are you for or against it?**
C **Is it yes or no?**
▲直訳は「イエスそれともノーですか」

C カジュアルな表現　**P** 丁寧な表現　**F** フォーマルな表現

賛成する

肯定する

はい。
Yes.

A：Are you from Canada?
B：Yes.
A：カナダの出身ですか。
B：はい。

はい。
Sure.

うん。／ええ。
Yup.
▲Yesのくだけた言い方。聞いて理解できればよい。

私の答えは「イエス」です。
My answer is "Yes."

強く肯定する

確かにそうです。
Definitely.

A：Are you ready to go?
B：Definitely!
A：出かける用意はできた？
B：ちゃんとできてるわ！

確かにそうです。
Certainly.

まったくそうです。
Exactly.

絶対にそうです。
Absolutely.

同意する

それでいいですよ。
That's fine.
▲That's okay.と言ってもよい。ややくだけた感じになります。

A：Let's have a surprise party for Anne's birthday.
B：That's fine.
A：アンの誕生日にビックリパーティを開きましょう。
B：いいですよ。

いいよ。
- **C** Good.
- **C** Fine.
- **C** Okay.

いいですよ。
- **C** That's okay with me.
- **P** That's fine with me.
- **P** That would be fine.

よさそうですね。
That sounds good.
- **C** Sounds good.

それはいい考えですね。
That's a good idea.
- **C** Good idea.
- **P** That's good thinking.

▲good thinking「よい考え」

いい案のように思います。
- **P** **That sounds like a good idea.**

▲That sounds ～「～に聞こえる」

C カジュアルな表現　　**P** 丁寧な表現　　**F** フォーマルな表現

賛成する

賛成です。
I'm for it.
▲be for ～「～に賛成です」。賛意を示す会話表現。I'm all for it.「大賛成です」も、よく使うので覚えておきましょう。

A：Let's grab something to eat.
B：I'm for it!
A：何か食べに行こうよ。
B：賛成！

賛成です。／同感です。
I'll buy that.
▲buy口語で「意見を受け入れる」という意味。

I agree.

あなたに賛成です。
I agree with you.
▲agree with ～「～に賛成する」。～には人または事柄を入れることができます。

それに賛成です。
I agree with that.

それについてはあなたに賛成です。
I'm with you on that.
▲be with you「あなたに味方・賛成する」

消費税を上げるのには賛成です。
I'm in favor of increasing sales tax.
▲be favor of ～「～を支持する」。形式ばった感じのする表現。

異議ありません。
No objection.

そう思います。
I think so.
I expect so.
▲expect「予期する、期待する」

あいまいに賛成する

そうだと思います。
I guess so.
▲guess「推測する」。アメリカ英語でよく使われる口語表現。

A：Are you happy?
B：I guess so.
A：幸せ？
B：そう思うけど。

そう思います。／そうかもしれない。
I suppose so.
▲suppose「推測する」

🅿 **I believe so.**

そうしたいと思います。／そうだといいのですが。
I hope so.
▲hope ～「～を望む」そうであることを望む表現。

たぶんね。
Probably.
Maybe.

そのとおり

あなたの言うとおりです。
You're right.
▲相手の意見や考えがright「正しい」と賛同する言い回しです。

A：Lisa shouldn't quit school.
B：You're right.
A：リサは学校をやめるべきじゃなかった。
B：あなたの言うとおりね。

そのとおり。／正しい。／間違いない。
That's right.
That's true.
▲上の2文はyouではなくthat（相手の言った事柄）を主語にした言い方。rightは「正しい、正当な」、trueは「真実の、本当の」という意味。

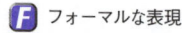

🅲 カジュアルな表現　🅿 丁寧な表現　🅵 フォーマルな表現

C **Right.**
▲You're right.／That's right.の省略形。どちらの省略にしても意味は同じ。

P **I think you're right.**
▲I think ～「私は～と思う」で始めると改まった感じになります。

まったくそのとおりです。
You're quite right.
You're absolutely right.
▲quite「まったく」、absolutely「完全に」

まさしくそれだ。／それで決まりだ。
C **That's it.**

まさにそのとおり。
C **You said it.**
▲相手に全面的に賛成するときの表現です。

まったくそのとおり。
C **You're telling me.**
▲「あなたの言っていることが本当だとよくわかっています」という意味。自分が知っていることや体験したことに使う。

私の考えとまったく同じです。
That's exactly what I think.
▲That's exactly ～「それはまさに～です」

私の見方とまったく同じです。
That's exactly how I see it.

私が言いたいこととまったく同じです
That's exactly what I'm trying to say.

私も同じように思います。
I feel the same way.

私はあなたと同じ考えです。
P **I share your view.**
▲share「共有する」

考えや意見を伝える表現　賛成する

理解を示す

なるほど。
I see.

▲このseeは「わかる、理解する」という意味。I see.は相手の話を理解していることを示すあいづち。ただし、I see.やI know.と言ったあとで、反対の意見を述べる場合もあるので賛成の意味はありません。

A: I want to make up with Sally.
B: I see.
A:サリーと仲直りしたいの。
B:なるほど。

わかっています。／知っています。
I know.

おっしゃることはわかります。
I see what you mean.

気持ちはわかります。
I know how you feel.
▲I see 〜よりI know 〜のほうが、相手の言っていることを十分理解できたというニュアンスが強い。

あなたの考えはわかります。
I see your point.

言いたいことはわかります。
I see what you're trying to say.

なるほど、それでわかりました。
That makes sense.
▲make sense「意味を了解する、道理にかなう」
That figures.
▲figure「筋が通る、意味を成す」

C カジュアルな表現　　**P** 丁寧な表現　　**F** フォーマルな表現

反対する

考えや意見を伝える表現　反対する

否定する

いいえ。
No.

A：Are you Ms. Kimura?
B：No, I'm not.
A：木村さんですか。
B：いいえ、違います。

C いや。／ううん。
Nope.
▲No.のくだけた言い方。

C **Uh-uh.**
▲非常に口語的でくだけた表現。「アッァー」と発音します。

きっぱり否定する

もちろん、そうではないよ。
Of course not.
▲「聞くまでもないよ」というニュアンス。

A：Have you ever cheated before?
B：Of course not！
A：カンニングしたことある？
B：もちろん、ないよ！

まったくそうではない。
Definitely not.

223

絶対にそうではない。
Absolutely not.

P とんでもありません。
Certainly not.

一度もありません。／決してそうではありません。
Never.

C 絶対にそうではない。
No way.

C 違います。
Wrong.
▲You're wrong.「あなたは間違っています」またはThat's wrong.「それは違います」を短くした表現。

あいまいに否定する

そうでもありません。
Not really.
▲あいまいに返事をするための会話表現。

A：Did you have fun?
B：Not really.
A：楽しかった？
B：そうでもなかったよ。

C 特にそうでもない。
Not especially.
▲especially「特別に」

C いつもではないよ。／必ずしもそうではない。
Not always.

Note [強い否定は使い方に注意]
相手の言うことをストレートに否定する言い回しは、とても強い否定なので攻撃的なニュアンスがあります。相手や状況を選んで使わないと相手に不快感を与えることもあるので注意しましょう。

C カジュアルな表現　　**P** 丁寧な表現　　**F** フォーマルな表現

C もはやそうではない。
Not anymore.

C まったくそのとおりというわけではない。／本当はちょっと違う。
Not exactly.

C たぶんだめでしょう。／見込みはないでしょう。
Not likely.

そう思わない

そう思いません。
I don't think so.
▲ダイレクトに反対の意を表すときの表現。You may be right, but I don't think so.またはSorry, but I don't think so.など、ワンクッション置いてからこのフレーズを言うとやわらかい感じになります。

A：He's really good-looking.
B：I don't think so.
A：彼、本当にハンサムね。
B：そうは思わないけど。

そうではないと思います。
C **I guess not.**
C **I suppose not.**
▲I guess 〜／I suppose 〜 は、どちらも「推測する」による否定です。

反対です

賛成できません。
I can't agree.

A：I believe he's telling the truth.
B：I can't agree.
A：彼は本当のことを言っていると思うよ。
B：賛成できないな。

同意しません。
I don't agree.
P **I'm sorry, but I don't agree.**

考えや意見を伝える表現 / 反対する

反対です。
I disagree.
▲disagree「意見が異なる」。かなり強い反対の意を示すための表現。

🅟 **I'm afraid I disagree.**

あなたに反対です。
I don't agree with you.
🅟 **I'm afraid I don't agree with you.**
▲don't agree with ～「～に賛成できない」。withのあとは人や事柄が入ります。

反対です。
🅟 **I'm against it.**
▲be against ～「～に反対している」。会議やディスカッションなどフォーマルな状況で反対の意を示すときのフレーズです。

🅟 **I'm opposed to it.**
▲be opposed to ～「～に反対する」。改まった感じの硬い表現。

君の意見には同意できません。
🅒 **I can't go along with your opinion.**
▲go along with ～「～と同行する、やっていく」

間違っています

それは違います。
That's not true.

Note [3通りの"反対です"]

I can't agree.は、周囲の状況や何らかの事情によって賛成できないというニュアンスがあります。一方、I don't agree.は、自分の意志で賛成しないという意味で、こちらのほうが強い反意になります。I disagree.はストレートに「反対です」と述べているので、これら3つの言い方の中では、いちばん強硬に反対している感じを受けます。

🅒 カジュアルな表現　　🅟 丁寧な表現　　🅕 フォーマルな表現

A：I heard he got fired.
B：That's not true.
A：彼は首になったって聞いたけど。
B：それは違うよ。

それは違います。
That's not correct.
▲correct「正確な、当を得た」
That's not right.
▲right「正しい、正当な」
That's wrong.
▲wrong「誤りの、間違いの」

君は間違ってます。
You're wrong.

それはおかしいよ。
That's ridiculous.

それはこの場合に当てはまりません。
That's not the case.
▲case「事実、実情」

あなたの言っていることは正しくありません。
What you're saying is not true.
▲true「真実の、本当の」

あなたは勘違いしています。
I think you're mistaken.
▲mistaken「取り違える」

考えや意見を伝える表現　反対する

Column ［控えめな言い方も大切］

英語圏の人は、ストレートな物言いばかりすると思っている人がたくさんいます。けれども、人間関係にヒビが入らないよう気を使った言い方は、もちろん英語にもあります。時と場合によって、相手の立場や気持ちを考えながら、控えめに反対を唱えたり否定したりする配慮が大切です。

考えや意見を伝える表現 / 反対する

意見が合わない

私はそういう見方はしません。
I don't see it that way.
▲このseeはthinkに近く「思う、〜と考える」という意味。that way「そのような方法・やり方」

A：I think the project was a failure.
B：I don't see it that way.
A：あの企画は失敗だったな。
B：僕はそういう見方はしていないよ。

私の見方は違います。
I see things differently.

私には別の意見があります。
I have a different opinion.

あまり名案ではないですね。
That's not a good idea.

わからない

はっきりわかりません。
I'm not sure.
▲be not sure「確かでない、確実でない」

Note ［間違いの指摘は相手の気持ちも考えて］

相手の間違いを指摘するときは、You're wrong.／That's wrong.「間違いです」と、ダイレクトに言わずに、I don't think that's correct.「正しいと思わない」という言い方のほうがよく使われます。相手の面子や人間関係を大事にしたいときは、なるべく柔らかで遠回しの言い方のほうが好まれるのです。

C カジュアルな表現　　P 丁寧な表現　　F フォーマルな表現

A：Are Judy and Brad splitting up?
B：I'm not sure.
A：ジュディとブラッドは別れたの？
B：はっきりとは知らないよ。

わかりません。／知りません。
I don't know.
I wouldn't know.
▲wouldを使うと控えめで丁寧なひびきになります。

正直に言ってわかりません。
I honestly don't know.
▲honestly／actually「実際に」／really「本当に」などを入れると、素っ気なさや突き放したような感じが和らぎます。

考えたこともありません。
I haven't thought about it.

意見はありません。
I don't have an opinion.

わかりません。／まったく考えが浮かびません。
I have no idea.
No idea.

関心がないよ。／どうでもいいことだよ。
I don't really care.
I don't mind.

私には関係ありません。
It doesn't concern me.
▲concern「〜にかかわる、利害に関係する」

知ったことじゃないよ。
Who knows?
▲Who knows?「誰が知っているのか。(知っている人は誰もいない)」という反語的な表現。言い方によっては非常に突き放したように聞こえるので、気心の知れた親しい間柄の人に使うこと。

それはわからないよ。／誰にもわからないよ。
You never know.

索引

日本語索引

【あ】

会いに来る ･･･････････････････････89
会う ･･････････････････････39, 43, 72
会えてうれしい････････････････41, 171
会えて良かった ･･･････････････････35
あきあきする ･････････････････････201
あきる ･･･････････････････････････201
あきれる ･････････････････････････203
味 ･･･････････････････････････････154
味が薄い ･････････････････････････156
味が濃い ･････････････････････････156
味がしない ･･･････････････････････157
味がない ･････････････････････････157
足下に気を付けて ･････････････････75
明日がいい ･････････････････････････71
預かる ････････････････････････････75
唖然とする ･･･････････････････････198
暖かい ･･･････････････････････････162
温かい ･･･････････････････････････164
暖かく ･･･････････････････････････163
暖かくて気持ちがいい ･････････････162
頭にくる ･････････････････････････188
暑い ････････････････････････162, 163
熱い ･････････････････････････････164
あっさり ･････････････････････････156
暑すぎる ･････････････････････････164
集める ･･･････････････････････････111
当てはまらない ･･････････････････227
アドバイス ･････････････････････45, 92
アドバイスをする ･････････････････92
あなたが決めること ･･･････････････210
あなただったら、どうする ･････････93
あなたに感謝する ･････････････････46
あなたに賛成です ････････････････219
あなたに反対 ････････････････････226
兄 ･･･････････････････････････････104
アパート ･････････････････････････99
油っこい ･････････････････････････157
甘い ･････････････････････････････155
甘いにおい ･･･････････････････････148
あまり ･･･････････････････････････27
あまり～ではない ･････････････････108
あまりよくない ･･･････････････････24
謝る ･･････････････････････････････55
謝る必要はない ･･･････････････････55
あらまあ ･････････････････････････191
あり得ない ･･････････････････197, 198
ありがたい ････････････････90, 91, 176
ありがたく思う ･･････････････････46, 47
ありがとう ･･････････44, 45, 47, 56, 80, 90
アルバイトで働く ･････････････････124
アルバイトをする ･････････････････124
会わない ･････････････････････････29
合わない ･････････････････････････110
安心する ･････････････････････････175

【い】

Eメール ･･････････････････････････73
いい ･･････････････････････26, 49, 66, 218
言い表せない ･････････････････････48
いい一日 ･････････････････････････35
いいえ ･･･････････････････････････223
いい香り ･････････････････････････148
いい考え ･･････････････････････65, 218
いいことだ ･･･････････････････････173
いい嗅覚をしている ･･･････････････151
いい週末 ･････････････････････････35
いいぞ！ ･････････････････････････169
いいです ･･･････････････････････66, 86
いいですね、もらいます ･･･････････90
いいですよ ･･････････････････65, 218
いいにおい ･････････････････148, 150
言いようがない ･･･････････････････48
言う ･････････････････････････････93
言うとおり ･･･････････････････････220
家で ･････････････････････････････114
家にいる ･････････････････････････68
いかがですか ･･････････････････22, 71
異議ありません ･･････････････････219
いくつ ･･･････････････････････････103
いけない！ ･･･････････････････････184
意見 ･････････････････････････････92
意見はどう？ ････････････････････216
意見はない ･･･････････････････････229
居心地が悪い ････････････････････204
いずれまた ･･･････････････････････34
忙しい ･･･････････････････････63, 112
痛くない ･････････････････････････166
痛み ･････････････････････････････165
痛む ･････････････････････････････165
1時間目 ･････････････････････････120
一度もない ･･･････････････････････224
1年生 ････････････････････････････118
いちばん ･････････････････････････172
いちばん好き ･････････････････109, 120
いちばんの友達 ･･･････････････････113
1階 ･･････････････････････････････99
いつでも ･･････････････････････60, 112
いつでもいい ･･････････････････71, 72
いつでもいいよ ･･･････････････････72
一杯つきあう ･････････････････････64
いつも～している ･････････････････108
いつもではない ･･･････････････････224

いつもと違う味	154	おしゃれをする	114
妹	104	押す	160
いや	223	お座りください	76
嫌なにおい	149	遅すぎる	71
いらいらする	189	恐ろしい	199
いろいろ	45	穏やかな気候	163
いろいろ話す	43	落ちこぼれる	123
祝いの言葉	56	落ち込む	178, 179
言わない	94	お手洗い	78
		男	115

【う】

ううん	223	男友達	115
受け入れる	54	落とす	122
受ける	59	驚かせる	193
疑わしい	213	驚く	192, 193
美しい	77	同じ	27
うまく行かない	129	同じ考え	221
うまくいった！	169	同じように思う	221
うまくいってますか	22	お願いします	90
〜生まれ	98	おはよう	18, 20
うらやましい	201	おはようございます	19
うらやましいね！	201	おめでとう	56
うるさくして悪かった	52	お目にかかる	40
うれしい	170, 171	思う	206, 207
うわー！	169	思う（推測する）	211
うん	217	面白い	174, 175
うんざり	190	面白かった	174
運動をする	116	思ったより	214
		おやすみ	31
		おやまあ	191
		泳ぎに行く	65

【え】

映画を見に行く	64		
映画を見る	138	【か】	
営業部	126	快活	107
ええ	217	外向的	107
ええっ！	169	解雇される	132
餌をあげる	84	会社	128
エスニック料理	109	会社に行く	128
偉い	173	会社に着く	128
遠慮する	90	会社を早退する	131
		買い出しに行く	84

【お】

おいしい	80, 152	買う	86, 93
おいしくない	153	帰る時間	79
オエッ！	154	顔	115
おーい	18	かかる	128
おーい（名前）	18	掻く	160
大きな	93	確信する	209
大喜びする	170	確認したい	42
おかしい	227	かけもちする	124
お金を使う	114	〜が怖い	199
奥さん	22	貸す	83
お悔やみ	59	〜が好き	109, 114
遅れてごめんなさい	52	ガスのにおい	149
怒る	186, 188	風邪薬	89
お酒のにおい	150	家族	22, 103
		かたい	161

課長	126
〜月…日より前	72
がっかりしないで	60
がっかりする	181
学校に行く	118
学校をやめる	123
家庭教師をする	124
悲しい	178
悲しそう	178
悲しみ	178
必ずしもそうではない	224
かねがね伺っている	43
かまいませんか	84
かまわない	189
かまわないでいいよ	91
我慢	190
髪	106
かもしれない	220
かゆい	165
通う	118
〜から…まで	128
辛い	155
からかう	197
辛口	156
〜からそこに住む	100
借りる	78, 83, 93
軽くたたく	160
彼	115
かわいそうだ	203
変わりない	27, 30
変わりないですか	26
考えが浮かばない	229
考えさせてもらう	69
考えたことはない	206
考えたこともない	229
考えておく	69
考えてもみない	195
考える	94, 206
感覚がない	166
かんかんに怒る	187
関係ない	188, 229
観光を楽しむ	140
感じがする	208
感じない	166
感謝	48
関心がある	111
関心がない	229
勘違いしている	227
感動した	176
感動的な	177

【き】

聞いたことがある	147
聞いたことがない	147
聞いて	143
聞いている	43
聞いてくる	147
聞いてみる	89
気がとがめる	53
気が滅入る	179
聞きたいことがある	147
聞きたくない	146
聞き取る	42, 146
聞き取れない	146
聞きに行く	147
聞き間違い	212
聞き間違う	146
聞く	143, 146, 147
聴く	144, 145
聞こえない	145
聞こえる	143, 145
気遣い	47
傷つける	55
傷つけるつもり	55
期待する	213, 214
きっと〜と思います	209
気詰まり	203
来てくれてうれしい	74
気に入ってくれてうれしい	50
気に入る	76
気にかかる	180
気にしないで	55
記念日おめでとう！	57
気分	21
気分がいい	204
気分屋	108
期末試験	122
気短	108
決めていない	125
決める	73, 123, 210
気持ち	55, 59
気持ちがいい	204
給料	129
給料日	130
兄弟	104
兄弟でいちばん上	105
興味がある	111
気楽に	36
着る	114
気を落とす	60
気を使う	48
気を付けて	134
勤務時間	128

【く】

くすぐる	160
くそっ	186
屈辱的です	204
靴のサイズ	102
国	98

クラブ	121
クラブ活動	121
クリスマスおめでとう	57
苦しい立場にいる	184
車で送る	85
車に乗せてもらう	83
車を借りる	83
車をとめる	78

【け】

経営する	126
景気	26
敬称	16
軽率	183
ゲーム	89
血液型	101
月給	130
けっこう	90
結婚式	115
結婚している	105
決してそうではない	224
決心がつかない	210
決心する	210
元気	23
元気そう	30
元気で	36
元気ですか	21
元気を出して	60
健康	116
健康診断	116
健康法	116
健康を保つ	116
見物する	140
見物に行く	141

【こ】

子	105
後悔する	182, 183
合格する	122
口臭	150
後輩	119
興奮しないで	200
焦げ臭いにおい	150
心がける	116
心	45
試みる	128
午前中	131
答え	217
答えは？	216
ごちそうする	63
こちら	39, 40
こってり	157
事柄に感謝する	46
言葉がない	48
言葉もない	192

子供達	22
子供はいない	105
好みのタイプ	115
ごぶさたしている	29
困る	183, 184
ごめんなさい	51
娯楽	111
来られてうれしい	74
凝る	165
これはあなたに	75
これは驚いた！	193
怖い	199
ゴワゴワ	161
今回	66, 90
コンサートに行く	65
今度にする	69
こんにちは	20
こんばんは	20

【さ】

サークル	121
サービス残業	130
最高	172
最高点をとる	122
探す	140
先を続けて	215
差し上げる	89
誘ってくれてありがとう	68
察する	60
ざっと見る	142
寂しい	179, 180
寒い	162, 163
寒くなる	163
冷める	164
さようなら	31
ざらざら	161
触ってみて	159
触ってみる	159
さわやか	163
触らないで	159
触る	159
残業	130
残業する	85, 130
残業手当	130
賛成それとも反対？	216
賛成できない	225
賛成です	219
賛成ですか	216
残念	66, 79, 181, 182
残念だ！	203
残念だが	87
残念に思う	59

【し】

試合を見に行く	139

試合を見る ・・・139	昇進 ・・・56
〜時以降 ・・・72	招待する ・・・64
自営 ・・・126	承諾する ・・・87
仕方がない ・・・182	冗談 ・・・108, 196
時間がある ・・・82	〜しようと思う(予定・計画) ・・・210
時間をさく ・・・45	商売 ・・・25
時間をもらう ・・・82	ショートヘア ・・・106
自己紹介する ・・・41	女性にしては ・・・102
仕事 ・・・25	所属する ・・・121
仕事で ・・・114	ショック ・・・198
仕事の後〜でも ・・・64	ショックだ ・・・198
仕事量 ・・・130	ショックで言葉もない ・・・198
仕事を探す ・・・132	ショックを受ける ・・・198
仕事をなくす ・・・132	知らせる ・・・60, 73
仕事を辞める ・・・132	知らせを聞く ・・・146
時差出勤 ・・・128	知らない ・・・229
辞書で見る ・・・140	知り合い ・・・114
自信がある ・・・209	知り合う ・・・39, 115
〜したい ・・・117	じろじろ見る ・・・142
したい ・・・214	進学する ・・・125
次第 ・・・73	神経にさわる ・・・189
〜したい気分 ・・・207	信じられない ・・・194, 208
親しい友達 ・・・113	信じる ・・・208
湿気 ・・・163	親切 ・・・45, 46, 47
しつこい ・・・157	身長 ・・・101, 102
知ったことじゃない ・・・229	新年おめでとう ・・・56
知っている ・・・39, 222	心配しないで ・・・55, 180
嫉妬する ・・・202	心配しないでいいよ ・・・91
じっと見る ・・・142	心配する ・・・49, 180
失敗 ・・・54	心配になる ・・・180
失敗する ・・・183	新聞で見る ・・・139
失望する ・・・181	信用する ・・・208
失礼 ・・・51, 77	
失礼させてもらう ・・・78	【す】
失礼する ・・・79	ずいぶん ・・・29
芝居を見る ・・・138	末っ子 ・・・105
しびれる ・・・166	好き ・・・109, 112
邪魔して申し訳ない ・・・17	スキーに行く ・・・65
邪魔するつもりはない ・・・17	好きではない ・・・110
週休2日制 ・・・128	好きな〜 ・・・109, 111
住所 ・・・100	すぐ ・・・94
就職が決まる ・・・125	少ない ・・・130
充電期間中 ・・・132	スケートに行く ・・・68, 72
十分 ・・・189	すごい ・・・58
週末 ・・・62, 114	すごい! ・・・168
週末に ・・・113	すごくおいしい ・・・152
修理する ・・・89	涼しい ・・・162
授業 ・・・120	涼しくて気持ちがいい ・・・162
出身 ・・・98	酸っぱい ・・・155
出身大学 ・・・125	酸っぱいにおい ・・・149
趣味 ・・・111	素敵 ・・・77
紹介したい ・・・38	スパイスが効いている ・・・155
紹介する ・・・40	素晴らしい ・・・58
しょうがない ・・・182	素晴らしい! ・・・168
上司 ・・・129	すべすべ ・・・161

すまなく思う	53
すみません	16
3サイズ	103
スリル満点	200
〜するほうがいい	93, 94

【せ】

性格	108, 115
性格が合わない	108
性格は正反対	108
星座	101
成績評価は〜です	122
整頓する	94
背が高い	102, 106
背が低い	107
責任	54
赤面する	203
せっかち	107
絶対だめ	67
絶対にそうだ	218
世話をする	86
専攻	119, 120
専攻する	119
繊細	108
先輩	119
専門学校	118

【そ】

そういう見方はしない	228
そう思う	219, 220
そう思わない	225
そうしたい	65, 68
そうしましょう	66
想像する	211
想像できない	211
想像もしない	195
そうではない	223
そうでもない	224
そうは思わない	213
卒業	56
卒業後	125
卒業する	125
そのうちに	33
その代わり	68
そのとおり	220, 221, 221
それから？	215
それで？	215
それに賛成です	219
それは違う	226, 227
そろそろ失礼する	79
そんなことしなくていい	91
そんなつもり	55
そんなはずがない	197

【た】

大学院	125
大学に行く	118
退学になる	123
大学を終える	125
大学生	118
大嫌い	110
たいくつする	200, 201
たいしたことない	110
たいしたことはない	49
たいしたものだ！	193
たいして	27
体臭	150
体重	102
体重を減らす	93
大丈夫	49, 55, 70, 71
大好き	109
〜代前半	97
だいたい	27
〜代に見える	141
大変	60
確か	196
確かだ	209
確かにそうだ	217
助かる	47
助け	60
〜だそうだ	212
正しい	220
正しくない	227
〜だったらいいのに	202
たっぷり	157
〜だといい	220
〜だと思う	220
楽しい休暇を！	57
楽しい	80
楽しい時間を	36
楽しい時間を過ごす	79
楽しい旅行を	36
楽しかった	173
楽しみにする	34, 43
楽しんで	36
楽しんでいる	173
楽しんできて	36
頼みがある	81
煙草のにおい	149
タバコを吸う	78
たぶん	220
たぶんだめ	225
食べてみる	89
食べても太らない	157
食べに行く	63
だめ	67
だめです	87
誕生日	97
誕生日おめでとう！	57
短大生	118
旦那さん	22

【ち】

ちぇっ ……186
チェックする ……69
近いうちに ……34
違う ……224
ちくしょう ……186
父 ……59
中止する ……94
昼食 ……63
昼食にする ……63
調子 ……21
長髪 ……106
チョコ味 ……158
ちょっと ……18
ちょっといい ……82
ちょっといい、(名前) ……16
ちょっとすみません ……16
ちょっとよろしい ……82
ちらっと見る ……139

【つ】

通勤する ……127, 128
つかむ ……160
つきあう ……115
月に1回 ……131
都合がいい ……70
都合が悪い ……73
綴る ……42
妻 ……103
冷たい ……164
つもり ……55, 211
連れていく ……84

【て】

定年退職する ……132
デート ……114
出かける ……113
でかした! ……169
手紙 ……85
手紙をください ……37
できたぞ! ……169
できない ……66, 68, 87
できることは何もない ……182
デコボコ ……161
手触り ……162
テスト ……122
〜ですね ……212
手助け ……46
手伝い ……88
手伝いがいる ……88
手伝う ……81
出ていけ ……189
テニスをやる ……65
〜で働く ……127
テレビを見る ……137, 138
照れ屋 ……204
手をかす ……82, 88
点 ……122
電気をつける ……83
電子メールアドレス ……100
電車 ……127
転職する ……132
電話する ……60, 73, 94
電話番号 ……100
電話をありがとう ……46
電話を借りる ……83
電話を使う ……79

【と】

〜と一緒に住む ……99
どういうこと ……215
どういたしまして ……49
同意できない ……226
どう思う ……92, 215, 216
投函する ……84
同感です ……219
どうしたらいい ……184
どうしていましたか ……28
どうしてますか ……21, 22
どうしてる ……21, 22
どうしよう ……184
どうぞお入りください ……75
どうですか ……21, 25, 64, 68, 71, 72
どうでもいい ……229
同僚 ……129
登録する ……94
〜と思う (推測) ……212
〜と聞いている ……212
〜と聞いて喜ぶ ……171
時々 ……108, 131
ドキドキする ……200
〜時にする ……71
特徴 ……106
特別に ……27
どこ ……72
〜として働く ……126
年を取って見える ……141
どちらが好き ……109
とてもうれしい ……170
〜との印象を受ける ……208
〜とは思わない (予期しない) ……214
途方に暮れる ……184
友達 ……114
鳥肌が立つ ……199
とるに足らない ……50
どれくらい ……102, 114
鈍痛 ……165
とんでもない ……224
とんでもない、だめです! ……67
どんな〜 ……99
どんなタイプ ……115

【な】

仲のいい友達	113
眺める	137
亡くなる	59
夏休み	131
撫でる	160
～なときもある	108
～なところもある	108
何?!	191
何かあったら	73
何もする気がしない	179
何を考えているの	207
名前	42, 96
名前を伺う	42
なまぬるい	164
悩み	185
悩む	185
悩む必要はない	185
～ならいい	214
～ならいいなあ	214
なりたい	117
なるほど	222
何階	99
何時がいい	70
何時でもいい	72
なんて美しい	170
何て悲しい	178
何ですか	215
なんてすごい!	169
なんて素敵	170
なんて恥ずかしい	203
何でもない	50
何人兄弟	104

【に】

におう	149
～に驚く	193, 194
苦い	155
苦手	189
～に感動する	177
～に賛成です	219
～に住む	99
～についてどう感じる?	216
ニックネーム	96
～になりたい	214
～に満足する	176
ニュースを聴く	145
にらむ	142
～にわくわくする	200
～人家族	104
ニンニク臭い	150

【ね】

願い	214
～年生まれ	97
～年間そこに住む	99

【の】

～の間	84, 86
～の仕事をする	127
～のほうがいい	68, 71, 115
～のほうが好き	109
飲み物はいかがですか	77
飲み屋に寄る	64
のめり込む	110
～のような手触り	162
～のように思える	212
～のように見える	141, 142
～のわりに	130

【は】

はい	65, 90, 217
バイバイ	31
はく	102
派遣会社	94
恥さらし	203
始めたばかり	111
初めまして	41
恥を知りなさい	203
バス	128
恥ずかしい	202, 203
恥ずかしがり屋	204
パスする	90
パソコン	93
肌寒い	162
～は楽しかった	174
はっきりわからない	228
初耳	192
鼻がよくない	151
鼻が効く	151
話をよく聞く人	146
早すぎる	71
半休をとる	131
番組を見る	138
反対	226
反対ですか	216

【ひ】

ピアスはしている	107
ビールを飲む	64
引き受ける	86
ひげ	106
秘訣	116
久しぶり	28
びっくりする	192, 194
引越し	94
必修科目	120
必要	60

必要はない	48, 91
否定する	223
ひどいことだ！	203
ひどいにおい	148
ひとり暮らし	99
ひとりっ子	104
一人にして	189
暇	62, 63, 112
暇な時間	112
秘密	103
病院のようなにおい	151

【ふ】

〜部	121
ファックスする	85
風味	158
風味がない	158
部下	129
服	114
ふだん	27
不注意	54
太っている	107
〜部に入っている	121
不満	187
不満足	187
ブラボー！	
フリー	126
古くからの友達	113
プレゼント	45
風呂が沸く	164
ふわふわ	161

【へ】

別の意見がある	228
別の日にする	69
ベトベト	161
部屋	99
勉強する	112, 118, 119
変な味	154
変なにおい	149

【ほ】

ほう？	215
ホームシックになる	180
ボーリングに行く	65
朗らか	107
ほっ！	175
ほっとする	175
ほめる	45
本	88
本気	196
本当	196
本当であるはずがない	197
本当に！	169
本当にごめんなさい	52
本当は違う	225

【ま】

まあ！	169
まあまあ	24
前に会う	40
前向き	26
前よりいい	24
任せる	72
負け惜しみ	202
まさか！	198
まさしく	221
真面目	108
まずい	153
また会うときまで	32
また会えてうれしい	29, 30
また後で	32
またお寄りください	80
また必ず	33
また来て	80
また来る	80
また誘う	69
またその辺で	34
待たせてごめんなさい	52
またね	32
間違い	54
間違いない	220
間違えて悪かった	52
間違っている	227
待つ	46
マッサージする	160
まったく同じ	221
まったくそうだ	217
まったくそのとおりというわけではない	225
待ってもらう	84
満足する	176

【み】

見える	135, 136
見かける	136
見方は違う	228
見込みはない	225
惨め	179
ミス	54
見過ぎる	138
見たことがない	138
みっともない	203
見て	134
見ている	135
見ておく	135
見てくる	83
見てみる	140
見てもいい	134
皆さん	22
見に行く	138

見ましたか	134
耳	107
耳を貸す	146
名字	96
妙な味	154
見る	134, 135, 139

【む】

迎えに来る	84
むかむかする	154
むしむし	163
むしろ	68
息子	103, 105
娘	105
夢中	110
無頓着	114

【め】

目	106
名案	65, 94, 218, 228
迷惑をかけてごめんなさい	52
眼鏡をかける	107
目を疑う	195
面倒	85
面倒かけて悪い	17
メンバー	121

【も】

もういい	55
申し上げる	59
申し訳ない	53
もうたくさん	190
目撃する	141
もちろん	65, 223
持っていく	88
持ってくる	77, 89
もっと話して	215
ものすごく暑い	162
もはやそうではない	225
問題がある	184
問題ない	50

【や】

役に立ててうれしい	50
休み	129
休みをとる	131
やせている	106
やだっ	186
やった！	169
やったね！	173
やめて	190
やめておく	66, 90
やめるべき	93
やりすぎ	183
やる	89

柔らかい	161

【ゆ】

憂鬱そう	179
有給休暇	131
友好的	108
夕食を一緒に食べる	63
ゆっくりしてください	76
指で触る	160
夢	117
許して	54

【よ】

～ようにしている	116
～曜日以外	72
～曜日に	113
よかった	171, 172, 173
よかったね	58
よくないと思う	183
良くなる	25
よくやった	173
よさそうだ	218
予想もしない	195
予定	62, 69
予定がある	62, 91
予定を変更する	73
呼ぶ	42
より～が重要である	115
喜び	49
喜ぶ	58, 170
喜んで	86, 89
喜んで受ける	66
喜んでそうしたい	67, 87

【ら】

落第する	123
落胆する	179
ラジオ	89
ラジオを聴く	145
ラベンダーの香り	148

【り】

履修する	120
留年	123
両親	58, 104
旅行	94

【る】

留守番する	85

【れ】

礼にはおよばない	49
レモンの味	156
レモンのようなにおい	151

| 連絡して | 37 |
| 連絡をとる | 100 |

【わ】

ワーオ！	191
ワインの香り	148
若く見える	141
我が家へようこそ	74
わからない	48, 229
わかりました	86
わかる	59, 222
別れる	115
わくわくして	200
わくわくする	58
わざわざ来る	80
私があなたの立場だったら	94
私だったら	94
悪い	26
悪いが	87
悪いと思う	183
悪かった	52
悪くない	24
ワンルーム	99

【を】

～をありがとう	45
～を疑う	213
～を望む	117
～を見るのが好き	134

英語索引

【A】

a good listener	146
a lot	43, 45
About the same.	27
absolutely	152, 170, 221
(be) absolutely delighted	170
Absolutely not.	67, 224
Absolutely.	217, 218
accept	53, 54, 59
acquaintance	114
advice	45, 92
(be) afraid of ~	199
after graduation	125
after work	64
again	29, 30, 34, 35, 80
against	216, 226
agree	216, 219, 225
agree with ~	219
ahead of ~	119
all right	24, 49, 55, 66, 83, 86, 90
all this way	80
always ~ing	108
amaze	193, 194
(be) amazed	192
(be) amazed by ~	194
amazing	192
amusing	175
And?	215
(be) angry about ~	188
(be) angry that ~	188
(be) angry with ~	188
(be) angry.	187
anniversary	57
another time	34
answer	216, 217
Any day before ~	72
Any day except ~	72
Any day is fine.	72
Any day of the week is okay.	72
Any kids?	105
Anytime after ~	72
apologize	53
apology	53, 54
appreciate	46, 92
Are you against it?	216
Are you busy ~?	63
Are you doing anything ~?	62
Are you for it?	216
Are you for or against it?	216
Are you free ~?	62
Are you free tomorrow?	70
Are you kidding?	197
Are you listening to me?	146
Are you pulling my leg?	197
Are you putting me on?	197
Are you serious?	196
Are you sure?	196
as usual	27
ashame	203
(be) ashamed	203
(be) ashamed of ~	203
ask	81, 86, 92
ask a favor	81
ask a question	147
ask for directions	147
astonish	194
(be) astonished	192
(be) astonished to ~	194
at a loss	184
at home	114
attend	118
avoid rush hour	128
awkward	203

【B】

bad	117, 181, 182, 183
bashful	204
bathroom	78

Be ambitious!	117
be proud of ~	58
Be seeing you.	34
beard	106
beautiful	77
before	27, 39, 40, 72
believe	194, 206, 208, 220
believe in	208
belong to	121
best friend since high school	113
bet	209
better	26, 109
between jobs	132
birthday	57, 97
bitter	155
blame	54
blood type	101
blow it	183
blue	179
boiling hot	162
(be) bored	200
(be) bored with ~	201
boring	201
born	97, 98
(be) born in ~	97, 98
borrow	83
bother	17, 82
(be) bothered by ~	185
break up	115
breath	150
bring a friend	84
brother	104
Brovo!	169
business	25
busy	63
busy with ~	112
buy	219
by bus	128
by train	127
Bye-bye.	31

【C】

call	42, 46, 73, 94
call me (名前).	96
call me anytime	60
can be ~	108
Can I ask you a favor?	81
Can I ask your advice?	92
Can I ask your opinion?	92
Can I borrow ~?	83
Can I get you ~?	89
Can I get you something to eat?	77
Can I have a rain check?	69
Can I help you with?	88
Can I see you on Sunday?	70
Can I sleep on it?	69
can see	136
can smell	149
Can you believe it?	195
Can you give me a ride?	83
Can you hear me?	145
Can you help me?	81
cancel	94
can't feel anything	166
can't hear well	145
can't see	136
can't see anything	136
careless	54, 183
case	227
casual clothes	114
catch	33, 42, 145, 146
certain	209
Certainly not.	224
Certainly.	86, 217
change	30, 73
change jobs	132
change plans	73
check	69, 140
Cheer up.	60
cheerful	107
children	22, 105
chilly	162
class	120
close friend	113
clothes	114
club	121
club activity	121
cold	162
colleagues	129
collect	111
college	118, 119, 123, 125
college graduate	125
college student	118
come	74, 80
Come and see me.	89
~ come as a surprise	193
come in	75
Come on in.	75
come over	70
come to see	80
commute	128
commute from ~ to ···	128
commute to work	128
compliment	45
concern	229
(be) concerned about ~	180
condolences	59
congratulate	56
Congratulations on ~	56
Congratulations.	56

241

consider ··· 94, 206	Do you mind ~ing for me? ··· 84
convenient ··· 70	Do you need some help? ··· 88
convince ··· 209	Do you think it would be possible to ? ··· 85
cool ··· 162	Do you think that ~? ··· 216
correct ··· 227	Do you think you could ~? ··· 84, 85
Could I have your name? ··· 96	Do you want to ~? ··· 64
Could I use ~? ··· 83	Do you want to come? ··· 65
Could you give me a hand? ··· 82	Don't be discouraged. ··· 60, 181
Could you introduce me to ~? ··· 40	Don't be sorry. ··· 55
Could you mail these letters? ··· 84	Don't bother. ··· 91
Could you spare me a minute? ··· 82	Don't get excited. ··· 200
country ··· 98	Don't get me down. ··· 179
crazy about ~ ··· 110	Don't listen to him. ··· 146
Cut it out. ··· 190	Don't mention it. ··· 49
	Don't worry about it. ··· 49, 55, 91
【D】	Don't worry. ··· 180
Damn it. ··· 186	doubt ··· 213
death ··· 59	down ··· 124, 179
decide ··· 125, 210	dress up ··· 114
Definitely not. ··· 223	drink ··· 64
Definitely. ··· 217	drive mad ··· 188
delicate ··· 108	drop a line ··· 37
delicious ··· 80, 152	drop by ··· 80
(be) delighted ··· 170	drop out ··· 123
(be) delighted for ~ ··· 173	dry ··· 156
(be) delighted to ~ ··· 171	dull pain ··· 165
deny ··· 223	
depress ··· 178	【E】
depressed ··· 60	each other ··· 29, 39
depressing ··· 179	early ··· 71
Did you hear ~? ··· 147	eat ··· 63
different ··· 228	e-mail ··· 73
dinner ··· 64, 80	e-mail address ··· 100
disagree ··· 216, 226	embarrass ··· 203
(be) disappointed ··· 181	(be) embarrassed ··· 202
(be) disappointed at ~ ··· 181	(be) embarrassed by ~ ··· 203
(be) disappointed with ~ ··· 181	(be) engaged ··· 104
disappointing ··· 181	enjoy ··· 80, 121, 174
disappointment ··· 181	enjoy listening ··· 144
discourage ··· 60, 181	enjoy oneself ··· 174
do ··· 48	enjoy sights ··· 140
do a favor ··· 81	enjoy watching ··· 137
Do you agree or disagree? ··· 216	Enjoy yourself. ··· 36
Do you agree ? ··· 216	enough ··· 48, 189, 190
Do you disagree? ··· 216	entertaining ··· 175
Do you enjoy your club activities? ··· 121	envy ··· 201
Do you have a minute? ··· 82	every day ··· 116
Do you have a part-time job? ··· 124	everyone ··· 22
Do you have any brothers and sisters? ··· 104	everything ··· 22, 45
Do you have any children? ··· 105	exactly ··· 221
Do you have any hobbies? ··· 111	Exactly. ··· 217
Do you have anything to do ~? ··· 62	Excellent! ··· 168
Do you have plans for ~? ··· 62	Excellent. ··· 23
Do you have time? ··· 82	except ··· 72
Do you know ~? ··· 39	excite ··· 169

(be) excited	200
excited	58, 200
exciting	174, 200
excuse me	78
Excuse me for a moment.	16, 78
Excuse me for a sec.	16
Excuse me,（名前）．	16
Excuse me, please.	16
Excuse me, sir／ma'am／Miss／．	17
Excuse me.	16, 51, 77
expect	195, 213, 219
express	48, 59
(be) extremely displeased	187
eye	106

【F】

Fabulous!	168
fail	122
fail a course	123
family	22, 104
fantastic	58, 168
fascinating	174
fattening	157
fault	54
favor	81
favorite	109, 111
feature	106
(be) fed up with ～	190
feel	21, 59, 159, 166, 207, 216, 222
feel as if ～	208
feel bad	53, 59, 183
feel certain	207
feel cold	164
feel crisp and fresh	163
feel depressed	178
feel down	179
feel forehead	159
feel free to ～	76
feel good	204
feel great	204
feel guilty	53, 183
feel hot	163, 164
feel hot／cold	163, 164
feel itchy	165
feel like ～	162
feel like ～ing	179, 207
feel lonely	180
feel lonesome	180
feel miserable	179
feel my face	164
feel of ～	162
feel sad	178
feel so good	204
feel sorry	183
feel stiff	165

feel warm	164
feeling	55, 166, 208
figure	222
(be) filled with grief	178
fine	71, 72, 218
finish	125
fire	132
first name	96
first period	120
five-day work week	128
flavor	158
fluffy	161
flunk	122, 123
flunk a course	123
(be) fond of ～	109
for	216, 219
forever	29
Forget (about) it.	49
Forget it.	55
forgive	54
free	62, 63, 70
free time	112
freezing	162
freshman	118
(be) frightened	199
(be) frightened of ～	199
from ～	98
fun	36, 173
funny	174
furious	187
future	117

【G】

gaze at	142
get	89, 122
get a B.	122
get a degree	125
get a job with ～	125
get a red face	203
get along well with ～	129
get better	25
get down	179
get full marks	122
get in touch with ～	100
get mad	187
get married	97
get nervous	180
get on	21
get on ～'s nerves	189
Get out of here!	189
get the impression	208
get to know	115
get／have goosebumps	199
getting warm／cold	163
give a call	73

243

give a hand	82
give a ride	83
Give me a break!	190
give someone a hand.	88
(be) glad	170
glad	50, 74
(be) glad (that) ~	171
(be) glad to ~	171
glance at ~	139
glance over	142
glare at ~	142
go	21, 22, 79, 211
go ahead	215
go along with ~	226
go and see	140
go ask	147
go bowling	65
go out	63
go out with	113, 115
go see a movie	64, 138
go sightseeing	141
go skiing	65
go swimming	65
go through	60
go to ~	118
go to a concert	65
go to sleep	166
go to work	127
go too far	183
go watch	140
good	30, 35, 71, 173
Good afternoon.	20
good at ~	212
Good day.	20
Good evening.	20
Good for you.	58, 173
good friend	113
good idea	65, 94, 218, 228
Good job.	173
Good morning.	19
Good night.	31
good time	36, 173
Good to have you here.	74
Good.	23, 218
Good-bye for now.	31
Good-bye.	31
goosebump	199
Gorgeous!	168
Got a minute?	82
got tired of ~	201
grab	160
grade	122
graduated from ~	125
(be) graduating	125
graduation	56, 125
grateful	47, 48
gratitude	48
greasy	157
great	30, 58
Great.	23, 168
guess	211, 220, 225
guilty	183

[H]

had better	79, 93
had enough of ~	190
hair	106
hang out with ~	114
happen	26, 214
happen to see	137
happiest	172
happy	30, 41, 74, 86, 84, 172
(be) happy about ~	171
Happy anniversary!	57
Happy birthday!	57
Happy holidays!	57
Happy New Year!	56
hard	161, 210
hard to believe	194
hardly	194
hardly see	136
hasty	107
hate	110
have	105, 106, 120
have a feeling	208
Have a good one.	36
have a good sense of smell	151
have a good time	79, 173
have a good time at ~	174
Have a good time.	36
Have a nice／good／day.	35
Have a nice／good／trip.	36
Have a nice／good／weekend.	35
have a part-time job	123, 124
have a seat.	76
have enough of ~	201
Have fun.	36
have got to ~	117
have got to be ~	197
Have you considered ~?	94
Have you got any brothers and sisters?	104
Have you heard ~?	146
Have you met ~?	39
Have you met each other?	39
Have you seen ~?	136
Have you seen any good movies lately?	138
Have you thought about ~?	94
Have you two met before?	39
health	116, 117
health club	112

health food	116
hear	43, 59, 143, 144, 145, 146, 147, 212
hear a recital	144
hear of	147
hear the news	145
Heavens!	191
heavy	157
Heck.	186
Hello.	20
help	45, 46, 47, 50, 60, 81, 88, 182
helpful	47
Here's ~	40
Here's something for you.	75
Hey, (名前).	18
Hey.	18
Hi.	20
hobby	111
hold	124
holiday	57
(be) homesick	180
hope	220
hope to	117, 214
horoscope sign	101
horrible	199
(be) horrified	199
hot	155, 163, 164
hot enough	164
hours	128
how	59
How about ~ after work?	64
How about ~ instead?	68
How about ~?	77
How about introducing me to ~?	40
How about letting me ~?	89
How about lunch?	63
How about May 10th around 11 o'clock?	71
How are things going?	22
How are things?	22
How are you doing?	21
How are you feeling?	21
How are you getting on?	21
How are you?	21
How are your grades?	122
How beautiful!	170
How can I get in touch with you?	100
How did you do in your finals?	122
How do you do?	41
How do you like ~?	120
How do you spell your name?	42
How do you stay fit?	116
How embarrassing!	203
How exciting!	169
How have you been doing?	28
How have you been?	28
How hot is it outside?	163
How I envy you!	201
How kind of you to say so.	56
How kind of you.	47
How long does it take to ~?	128
How long have you been ~ing?	99
How many brothers and sisters do you have?	104
How many children do you have?	105
How many classes are you take?	120
How many days a week do you practice?	121
How many days vacation do you get ~?	131
How much do you spend for ~?	114
How much do you weigh?	102
How nice of you to ~	74
How old are you?	97
How tall are you?	101
How would you like to go ~?	65
How're your folks?	22
How's business?	25
How's everyone?	22
How's everything?	22
How's it going?	21
How's Jim doing?	22
How's life treating you?	22
How's work?	25
How's your family doing?	22
How's your family?	22
How's your wife／husband／?	22
humid	163
humiliating	204
hurt	55, 165

【I】

I agree with that.	219
I agree with you.	219
I agree.	219
I apologize.	53
I appreciate it.	46
I appreciate your help.	46
I appreciate your kindness.	46
I beg your pardon.	51
I believe so.	220
I can hardly believe it.	194
I can imagine what you're going through.	60
I can smell something burning.	150
I can't agree.	225
I can't believe it.	194
I can't believe my eyes.	195
I can't decide.	210
I can't express how grateful I am.	48
I can't thank you enough.	48
I couldn't catch what you said.	145
I did it.	169
I didn't catch your name.	146
I didn't expect to see you here.	195

I didn't hear ~	144
I didn't mean to hurt you.	55
I didn't mean to hurt your feelings.	55
I disagree.	226
I don't agree with you.	226
I don't agree.	225
I don't believe it.	194
I don't believe this.	195
I don't feel like doing anything.	179
I don't have any children.	105
I don't have any opinion.	229
I don't know how to express my thanks.	48
I don't know what to do.	184
I don't know.	229
I don't like the taste.	154
I don't mean to interrupt you, but ~	17
I don't mind.	229
I don't see it that way.	228
I don't think so.	225
I don't think we've met before.	40
I doubt it.	213
I enjoyed meeting you.	35
I enjoyed the party very much.	80
I envy you.	201
I expect ~	213
I expect so	219
I feel bad about it.	53
I feel bad that ~	59
I feel embarrassed.	203
I feel guilty about it.	53
I feel the same way.	221
I guess not.	225
I guess so.	220
I had a good time.	79, 173
I had fun.	173
I have a ~ disposition.	108
I have a different opinion.	228
I have a good nose.	151
I have a problem.	184
I have a serious side	108
I have no idea.	229
I have no words to say thank you.	48
I have three boys／girls／.	105
I have three sons／daughters／.	105
I have to be going now.	79
I have two older brothers	104
I have two sons in high school.	105
I haven't decided yet.	125
I haven't seen you for a long time.	29
I haven't thought about it.	229
I hear ~	147, 212
I hear your name often from ~	43
I heard ~	147, 212
I heard it wrong.	146, 212
I honestly don't know.	229
I hope I'm not disturbing you, but ~	17
I hope so.	220
I hope you have a wonderful Christmas.	57
I hope you'll come to see me again.	80
I just can't wait.	200
I know how you feel.	59, 222
I know this is a lot to ask, but ~	86
I made it.	169
I miss you.	179
I missed you very much.	180
I really do apologize.	53
I see things differently.	228
I see what you mean.	222
I see what you're trying to say.	222
I see your point.	222
I see.	222
I share your view.	221
I shouldn't have done it.	183
I suppose not	225
I suppose so.	220
I talk to you again.	34
I think I must have ~	209
I think so.	219
I was wondering if you'd like to ~	64, 65
I was wrong.	54
I wasn't listening.	143
I wish ~	202
I wish I could ~	214
I wish I could, but I can't.	87
I wish I were in your shoes.	202
I wonder ~	81
I wonder if you can do me a favor.	81
I wonder if you wouldn't mind ~ing	86
I wouldn't know.	229
I'd appreciate if ~	92
I'd be happy to ~	89
I'd be happy to, but I can't.	67
I'd be happy to, but I just can't.	87
I'd be happy to.	66, 86
I'd better be going now.	79
I'd like something light／plain／.	156
I'd like to congratulate you on ~	56
I'd like to express my condolences.	59
I'd like to introduce you to ~	38
I'd like to invite you to dinner ~	64
I'd like to just make sure.	42
I'd like to, but I can't.	68
I'd like to, but I can't.	67
idea	218, 229
If I were in your position, I would ~	94
If I were you, I'd ~	94
If it's not too much trouble, could you?	85
If something comes up, ~	73
If you need any help, please let me know.	60

I'll be seeing you. ·····34	I'm sorry to have troubled you. ·····52
I'll buy that. ·····219	I'm sorry to hear ~ ·····59
(I'll) catch you later. ·····33	(I'm) sorry to interrupt you. ·····17
(I'll) check with you later. ·····33	I'm sorry to keep you waiting. ·····52
I'll leave it up to you. ·····72	I'm sorry, but I can't. ·····66
I'll pass this time. ·····90	I'm thankful to you. ·····46
(I'll) see you around. ·····34	I'm the one to blame. ·····54
(I'll) see you later. ·····32	I'm with you on that. ·····219
(I'll) see you on Friday. ·····33	imagine ·····60, 195, 211
(I'll) see you sometime. ·····33	impossible ·····197
(I'll) see you soon. ·····32	(be) impressed ·····176
(I'll) see you then. ·····32	impression ·····208
(I'll) see you. ·····32	impressive ·····177
I'll stop by again. ·····80	improve ·····26
(I'll) talk to you later. ·····33	in early twenties ·····97
I'll think about it. ·····69	in favor of ~ ·····219
I'm afraid ~ ·····226	in front of ~ ·····78
I'm afraid I can't. ·····66	in good health ·····116
I'm afraid I can't. ·····87	(be) in shock ·····198
I'm afraid I must be going now. ·····79	in the future ·····117
I'm against it. ·····226	incredible ·····195
I'm all right／OK. ·····24	instead ·····68
I'm delighted for you. ·····173	intend ·····211
I'm fine. ·····23	(be) interested in ~ ·····111
I'm for it. ·····219	interesting ·····174
I'm glad I could help. ·····50	interrupt ·····17
I'm glad to be here. ·····74	(be) into ~ ·····110
(I'm) glad to meet you. ·····41	intriguing ·····174
I'm glad you could come. ·····74	introduce ·····38, 40, 41
I'm glad you like it. ·····50	invite ·····64
I'm going to miss you. ·····179	irritate ·····189
I'm grateful to you. ·····46	Is ~ all right／OK／with you? ·····70
I'm happy for you. ·····58, 172	Is ~ convenient for you? ·····70
I'm happy to be here. ·····74	~ is bad for one's health ·····117
(I'm) happy／glad／to see you again. ·····30	~ is fun／good／great ·····174
I'm having a good time. ·····173	Is it all right／OK／to use ~? ·····83
I'm having fun. ·····173	Is it okay to ~? ·····78
I'm in a tough spot. ·····184	Is it yes or no? ·····216
I'm in trouble. ·····183	Is that right? ·····196
I'm listening to you. ·····146	Is that so? ·····196
I'm much obliged to you. ·····47	Is that true? ·····196
I'm not interrupting you, am I ? ·····17	Is there something I can do for you? ·····88
I'm not sure. ·····228	It can't be helped. ·····182
I'm opposed to it. ·····226	It can't be true. ·····197
(I'm) pleased to meet you. ·····41	It can't be. ·····197
I'm quite fine. ·····23	It could be better. ·····26
I'm so glad I came. ·····74	(It) couldn't be better. ·····26
(I'm) sorry about ~ ·····52	It doesn't concern me. ·····229
(I'm) sorry about my mistake. ·····52	It doesn't taste good. ·····153
(I'm) sorry about that. ·····52	It doesn't taste of anything. ·····157
I'm sorry but ~ ·····225	It feels good to ~ ·····204
I'm sorry but I didn't catch your name. ·····42	It has no taste. ·····157
I'm sorry I can't. ·····87	It might be a good idea to ~ ·····94
I'm sorry I'm late. ·····52	It seems like forever since~ ·····29
(I'm) sorry to bother you, but ~ ·····17	It seems to me ~ ·····211

(It) smells good.	148
It stinks.	148
(It) tastes good/great/.	152
It was careless of me.	54
It was my fault.	54
It was my mistake.	54
(It was) nice meeting you.	35
(It was) nice seeing you again.	35
It was nothing.	50
It would be nice if 〜	214
itchy	165
It's a pleasure to 〜	171
It's a pleasure to meet you.	41
It's a relief to 〜	175
It's a shame to 〜	182
It's a shame.	203
It's absolutely delicious.	152
It's been ages since 〜	29
(It's been) nice talking with you.	35
It's been quite a while, hasn't it?	29
It's been such a long time.	28
(It's) delicious.	152
It's getting better.	25
(It's) good to see you again.	29
It's great that 〜	171
(It's) great.	152
It's hard to decide.	210
It's improving.	26
It's just sour grapes.	202
(It's) my pleasure.	49, 86
It's nice of you to say so.	56
(It's) nice to meet you.	41
(It's) nice to see you again.	30
It's not good.	153
It's revolting.	154
It's slow.	26
It's time to go now.	79
It's too early／late／.	71
(It's) up to you.	73
I've been living there for 〜 years.	99
I've been living there since 〜	100
I've got goosebumps.	199
I've got to be going now.	79
I've had enough.	190
I've heard 〜	212
I've heard a lot about you.	43
I've never seen 〜	138

【J】

(be) jealous of 〜	202
job	132
join	64, 119
joke	196
junior college	118
junk foods	116

【K】

keep in shape	116
Keep in touch.	37
keep yourself	28
kick out	123
kind	47, 56
kindness	45, 46
know	39, 59, 73, 222, 229

【L】

last name	96
late	52, 71
later	32, 33
learn	112
leave	189
leave an office early	131
leave it up to 〜	72
Leave me alone.	189
leave school	123
lend	83
Let me check my schedule.	69
Let me introduce 〜	38
Let me introduce myself.	41
let me know	60
Let me take 〜	75
Let me treat you to dinner one night this week.	63
Let me try 〜	89
Let's get something to eat.	63
Let's make it 〜	69
Let's make it five.	71
Let's play 〜	65
Let's watch 〜	135
light	156
like	52, 110, 112, 114
like 〜	109
Listen carefully.	143
listen in	145
listen to	144, 146
listen to the radio	145
Listen!	143
listener	146
listening to the radio.	145
live	99
live alone 〜	104
live by oneself	99
live in 〜	99
live with 〜	99, 104
lonely	180
lonesome	180
long hair	106
Long time no see.	28
look as if 〜	142
look at	134
look blue	179

Look closely.	134
look confused	142
look for	140
look for ~	132
look forward to	43
look forward to ~ing	34, 214
look in one's thirties	141
look like ~	141
look older	141
look sad	178
look up	140
look younger	141
lose a job	132
lose interest in ~	201
lose one's patience with ~	190
love	109
lukewarm	164

【M】

Ma'am.	16
(be) mad	186
(be) mad at ~	188
(be) made up of ~	104
major	119, 120
major in	119
make ~ jump	193
make angry	188
make it a rule to	116, 210
make me sad	178
make sense	222
make sure	42
make up one's mind	185, 210
Make yourself at home.	76
manager	126
many places to see	137
(be) married.	104
matter ~ more than …	115
May I bother you for a moment?	82
May I have you name, please?	96
May I have your name again?	42
May I introduce ~?	38
May I introduce myself?	41
May I use the bathroom?	78
May I use your phone?	79
Maybe not this time.	66
Maybe you shouldn't ~	93
Maybe.	220
mean	55, 222
measurements	103
meet	35, 39, 41
meet ~	40
Meet me at ~	72
member	121
mention	49
Merry Christmas.	57

mess up	183
mind	55, 84, 86, 163, 189, 229
Mind your own business.	189
miserable	179
miss	179, 180
Miss.	16
mistake	52, 54
Morning.	20
move	177
(be) moved by ~	177
moving	177
much	27
Much better.	24
much of ~	110
muggy	163
My goodness!	191
My legs went to sleep.	166
my type	115

【N】

name	42, 43, 96
Neat!	168
need	60
nerve	189, 214
never	224, 229
never expect ~	195
never imagine ~	195
Never mind.	55
never think about ~	195
new	26
New Year	56
news	192
nice	30, 35, 35, 41, 47, 56, 74, 90, 214
nice and warm／cool	162
nickname	96
Night.	31
no	216
No idea.	229
No kidding!	197
no need to worry about ~	185
No objection.	219
No problem.	50
No way.	67, 198, 224
No, thank you.	90
No, thanks.	91
No.	67, 223
none of one's business	188
Nope.	67, 223
nose	151
Not (too) much.	27
not ~ at all	30
Not always.	224
Not anymore.	225
Not at all.	50
Not especially.	224

索引 L～N行

249

Not exactly.	225
Not likely.	225
Not really.	224
Not so bad.	24
Not so good.	24
not very ~	108
nothing	50
Nothing can be better than ~	172
Nothing much.	27
Nothing special.	27
Nothing.	27
nuisance	184
numb	166

【O】

oblige	47
Of course not.	223
Oh, boy!	191
Oh, dear!	191
Oh, my God!	191
Oh, my Gosh!	191
Oh, my!	191
Oh, no.	184, 186
Oh, yeah?	196
okay(OK)	49, 55, 66, 71, 72, 83, 86, 90, 218
old	97
old buddy	113
older	104
on Mondays	113
on the ~ team	121
on weekends	113
once a year	116
one's type	110, 115
only child.	104
Oops!	184
opinion	92, 216, 226, 229
(be) opposed to ~	226
(be) originally from ~	98
out	123
outgoing	107
overlook	137
overtime	130
overweight	107
own	126

【P】

paid holiday	131
pain	165
pain in the neck	189
painless	166
pardon	51
Pardon me.	16, 51
parents	104
park	78
part-time job	124
party	80
pass	122
pastime	111
pat	160, 129, 130
pay attention to ~	114
pay raise	130
payday	130
(be) perfectly happy with ~	176
personality	115
pet	104, 160
phone	79
phone number	100
physical checkup	116
pick up	84
pierced ears	107
pity	182
plain	156
plan	62, 125, 210
plan to go	125
play tennis	65
please	41
Please accept my apologies.	53
Please accept my apology.	54
Please accept my condolences.	59
Please call me ~	42
Please call me anytime if you need me.	60
Please come again.	80
Please forgive me.	54
(be) pleased	170
(be) pleased with ~	176
pleasure	35, 41, 49, 171
point	222
positive	209
practice	121
prefer	68
prefer ~ to ~	109
present	45
Press	160
Pretty good.	23
Probably.	220
problem	50, 184
promotion	56
pull one's leg	197
put in	130
put off	94
put on	197

【Q】

quit one's job	132
quit school	123
quite	221
quite a while	29

【R】

rain check	69

rather ~	68
rather not	90
read ~ in the newspaper	139
really	30
Really?	196
recover	116
red faced	203
regret ~ing	182
relief	175
(be) relieved	175
(be) relieved (that) ~	175
(be) relieved to ~	175
rent	94
repeat one's ~ year	123
required subject	120
retire	132
review	139
rich	157
ridiculous	227
right	196, 220, 221
right away	94
rough	161
rugged	161
ruin one's health	116

[S]

sad	178
salary	130
salty	155
same	27
Same as always.	27
Same as usual.	27
same way	221
(be) satisfied	176
(be) satisfied with ~	176
say	198, 221
(be) scared	199
scary	199
scent	148
score	122
scratch	160
screw up	183
see	28, 29, 30, 33, 34, 35, 70, 89, 134, 135, 136, 221, 222, 228
see ~ with my own eyes	141
see a baseball game	139
see a film	138
see a play	138
see a program	138
see an accident	141
see better	136
self-employed	126
sense of smell	151
serious	196
seriously	196

Seriously?	196
shame	182, 203
Shame on you!	203
share	221
sharp	156
sharp pain	165
Shit.	186
shock	198
(be) shocked	198
(be) shocked by ~	198
shoes	202
Shoot!	186
short	107
short hair	106
Shucks.	186
shy	204
(be) sick and tired of ~	190
(be) sick of ~	190
single	104
Sir.	16
sister	104
sit down	76
size	102
sleep	166
slow	26
smell	148, 149, 150, 151
smell bad	149
smell like a hospital	151
smell like a lemon	151
smell like garlic	150
smell like sweat	151
smell nice	150
smell of ~	149
smell of liquor	150
smell sour	149
smelly	149
smoke	78
smooth	161
so ~ as ... expected	214
So long.	31
soft	161
some other time	69
something wrong with ~	209
sometime	33, 37, 80
son	103, 105
soon	32
sorry	17, 51, 52, 55, 59, 87, 183, 225
sorry for oneself	178
Sorry I can't.	87
Sorry, but ~	66
Sorry.	51
So-so.	24
Sounds good (to me).	66
Sounds good.	90, 218
sour	155

251

sour grapes	202
spare	82
spare time	112
special	27
Spectacular!	168
speechless	192, 198
spell	42
spicy	155
staff member	129
stare	142
stay fit	116
stay in	112
stay in touch	37
sticky	161
stiff	161
stimulating	174
stink	148
stomachache	165
stop by	64, 80
strike	160
strong	156
student	118
study	117, 119
(be) stunned	198
subject	120
subordinate	129
Superb!	168
suppose	211, 220, 225
(be) supposed to ~	184
sure	196, 209, 228
Sure.	49, 65, 86, 217
surprise	193
(be) surprised	192
(be) surprised at ~	193
(be) surprised by ~	194
(be) surprised that ~	194
(be) surprised to ~	194
(be) surprised when ~	194
surprising	192
suspect	213
sweet	155

【T】

take	88
take a bus	128
take a class	120
take a day off	131
take a few days off	131
take a look at	135
take a seat.	76
Take care (of yourself).	36
Take it easy.	36
take the morning off	131
take up	111
talk	33, 34

tall	101, 106
tall for a woman.	102
taste bland	158
taste disgusting	154
taste funny	154
taste like ~	154, 156
taste right	154
taste strange	154
taste weird	154
tasteless	158
teach	120
team	121
tell	94, 215, 221
Tell me more about it.	215
tend to be ~	108
(be) terrified	199
test	122
thank	48
Thank goodness.	176
Thank heavens.	176
Thank you for ~	80
Thank you for a pleasant evening.	80
Thank you for asking, but ~	68
Thank you for calling.	46
Thank you for coming all the way.	80
Thank you for everything.	45
Thank you for having me.	80
Thank you for the compliment.	45
Thank you for the offer, but ~	91
Thank you for waiting.	46
Thank you for your advice.	45
Thank you for your help.	45
Thank you for your kindness.	45
Thank you for your present.	45
Thank you for your time.	45
Thank you from the bottom of my heart.	45
Thank you so much.	45
Thank you very much.	44
Thank you. ~	44, 90
thankful	47
Thanks a lot.	45
Thanks a million.	45
Thanks.	90
That figures.	222
That makes sense.	222
That must be tough.	60
That sounds good.	218
That sounds like a good idea.	218
That would be fine.	218
That's a good idea!	65, 218
That's a problem.	184
That's a relief	175
That's all right.	90
That's all right／OK／.	55
That's amazing!	192, 193

That's enough.	189
That's exactly how I see it.	221
That's exactly what I think.	221
That's exactly what I'm trying to say.	221
That's fantastic.	58
That's fine (with me).	65
That's fine with me.	218
That's fine.	218
That's for certain.	209
That's for sure.	209
That's for you to decide.	210
That's good thinking.	218
That's great.	58
That's impossible!	197
That's incredible.	195
That's it.	221
That's news to me.	192
That's none of your business.	188
That's not a good idea.	228
That's not correct.	227
That's not necessary.	91
That's not the case.	227
That's not true.	226
That's not what I meant.	55
That's OK.	90
That's OK／all right／.	49
That's okay with me.	218
That's really something !	193
That's ridiculous.	227
That's right.	220
That's surprising!	192, 193
That's true.	220
That's unbelievable.	195
That's very kind of you.	47
That's very nice of you.	47, 90
That's very thoughtful of you.	47
That's wonderful.	58
That's wrong.	227
The bath water is not hot enough.	164
(the) best	109
The best thing is ～	94
The dinner was very delicious.	80
(the) oldest	104
(The) same.	27
(the) youngest.	104
then	32
There're four of us-my wife, two sons and myself.	103
There's nothing I can ～	182
There's nothing like ～	172
They say ～	212
thick	157
thin	106
thing	22
think	84, 85, 92, 94, 206, 207, 209, 212, 215, 216, 219, 221, 225, 227
think about	229
think over	206
This coffee is strong.	156
this is ～	39
This is a nice surprise.	193
This is awful／terrible／.	153
This is bad.	153
This is exciting!	200
This is for you.	75
This is lots of fun.	173
This is the best ～ I've ever had.	172
This soup is weak／thin／.	156
thought about	206
thoughtful	47
(be) thrilled by ～	200
thrilling	200
throw out	123
tickle	160
tidy up	94
Till later.	32
Till then.	32
time	28, 45
(be) tired of ～	190, 201
～ told me a lot about you	43
Tomorrow is fine (with me).	71
Tomorrow is good (for me).	71
Too bad (that) ～	182
Too bad about ～	59
Too bad.	181
too good to be true	208
touch	159, 177
touch one's nerve	189
(be) touched by ～	177
touching	177
tough	60
tough spot	184
treat	22
trouble	52, 85, 183, 185
(be) troubled with ～	185
true	196, 197, 220, 226, 227
trust	208
try	60, 221
Try not to be so depressed.	60
Try this CD.	89
turn on	83
tutor	124
type	99

【U】

Uh-uh.	223
unbelievable	195
uncomfortable	204
university	118, 119
unpaid	130

Until then. ·····32	What are you going
unusual flavor ·····158	to do after graduation? ·····125
up ·····26	What are you going to do tomorrow? ·····62
up to ~ ·····73	What are you interested in? ·····111
(be) upset. ·····187	What are you studying at the university? 119
use ·····78, 79	What are you thinking about? ·····207
used to ·····113, 127	What are your interests? ·····111
	What are your measurements? ·····103
【v】	What are your plans after graduation? ··125
vacation ·····94, 131	What are your plans for ~? ·····62
(be) very glad ·····170	What club are you in? ·····121
(be) very happy ·····170	What club do you belong to? ·····121
very much ·····80	What country are you from? ·····98
(be) very unhappy about ~ ·····187	What did you get on the history exam? ·····122
Very well. ·····23	What did you see on T.V.? ·····137
view ·····221	What do you do in your free time? ·····112
vocational school ·····118	What do you do? ·····126
	What do you feel about ~? ·····216
【w】	What do you say to ~? ·····64
wage ·····130	What do you say? ·····93
wait ·····46, 200	What do you think I should do? ·····92
want ·····38, 64, 117	What do you think of ~? ·····215
want to ·····214	What do you think? ·····92, 215
warm ·····162	What do you usually wear ~ ? ·····114
watch ·····134, 135, 137	What have you been doing? ·····28
watch a soccer game ·····139	What is a good time for you? ·····70
watch late-night movies ·····138	What is it? ·····215
Watch me carefully. ·····135	What is troubling you? ·····185
watch movies ·····138	What is your height? ·····102
Watch out! ·····134	What is your weight? ·····102
watch T.V. ·····112, 138	What kind of clubs
watch too much T.V. ·····138	do you have in your college? ·····121
Watch your step. ·····75	What sad news! ·····178
way ·····228	What school do you go to? ·····118
weak ·····156	What score did you get? ·····122
wear ·····102, 107, 114	What should I do? ·····184
weigh ·····102	What size ~ do you wear? ·····102
weight ·····102	What sports do you like the best? ·····109
welcome ·····49	What time shall I come over? ·····70
Welcome to ~ ·····74	What type of apartment do you live in? ····99
Welldone. ·····173	What type of man do you like? ·····115
went to ·····125	What would you do if you were me? ·····93
What (subject) do you have first period? ··120	What you need is ~ ·····94
What a ~! ·····77	What you're saying is not true. ·····227
What a disappointment! ·····181	What?! ·····191
What a nice restaurant! ·····170	What's happening? ·····26
What a pity! ·····182	What's new? ·····26
What a relief! ·····175	What's up? ·····26
What a shame! ·····182, 203	What's your answer? ·····216
What a shock! ·····198	What's your favorite pastime? ·····111
What a surprise! ·····193	What's your first／last／name? ·····96
What about ~? ·····72	What's your major? ·····119
What about next week? ·····71	What's your nickname? ·····96
What am I going to do? ·····184	What's your opinion about ~? ·····216
What am I supposed to do? ·····184	What's your opinion? ·····92, 216

What's your phone number?	100
When are you free?	63
When is convenient for you?	70
When is your birthday?	97
When were you born?	97
whenever	71, 112
Whenever you have time.	72
Where did you go to college?	125
Where have you been keeping yourself?	28
Where have you been?	28
Where shall we go ~ing?	72
Where shall we meet?	72
Where were you born?	98
Where were you originally from?	98
Whew!	175
Which day would suit you best?	70
Which do you like better, ~ or ~?	109
Which floor is your apartment on?	99
Who knows?	229
Who lives with you?	99
Why don't we go ~ing?	65
Why don't we stop by ~?	64
Why don't you ~?	93
Why not ~?	94
Why not?	65
wife	22, 103
~ will be all right	71
Will you ~?	85
Will you excuse me?	78
Will you go check the mailbox?	83
~, will you?	83
wish	214
~ with you on	219
witness	141
wonderful	57, 58
Wonderful!	168
work	25, 127
work as ~	126
work at ~	127
work for ~	127
work freelance	127
work in ~	127
work out	116
work overtime	85, 130
work part-time as ~	124
working hours	128
(be) worried about ~	180
worry	49, 55, 185
worry about ~	180
Would it be possible to plan it for ~?	69
Would you care to have ~?	63
Would you lend me ~?	83
Would you like me to help you?	88
Would you like something to drink?	77
Would you like to ~?	76
Would you like to go out for dinner ~?	63
Would you mind ~ing?	84
Would you mind if I ~?	84
Would you mind if I smoke?	78
Would you please help me?	82
Wow!	169, 191
Write me sometime.	37
wrong	54, 212, 227, 224

【Y】

Yahoo!	169
~ years old.	97
yes	65, 216
Yes, let's.	66
Yes, please.	90
Yes?	215
You can call me ~	42
You choose.	73
You decide that.	73
You did it!	169, 173
You don't have to do this.	48
You don't say!	198
You have ~	77
You haven't changed at all.	30
You haven't changed much.	30
You look good.	30
You look great.	30
You made it!	169, 173
You might want to ~	94
You must be excited.	58
You must be joking!	196
You never know.	229
You really don't have to do that.	91
You said it.	221
You should be ashamed of yourself.	203
You shouldn't have	48
You surprised me.	192
younger	104
You're absolutely right.	221
You're kidding!	197
You're mistaken.	227
You're quite right.	221
You're right.	220
You're telling me.	221
You're welcome.	49
You're wrong.	227
You've been a big／great／help.	47
You've been very helpful.	47
You've got to be kidding.	197
You've got to dream big!	117
You've really changed.	30
Yup	217

向井京子(むかい・きょうこ)

1960年生まれ。埼玉県出身。米国オレゴン州Willamette University政治学科、東京国際大学国際学科卒。カリフォルニア州オレンジ郡に滞在10年を経て、現在東京都清瀬市在住。著書に『旅を楽しくするやさしい英会話ハンドブック』『CDではじめる一番やさしい英会話入門』『CD付き　ホームステイを楽しく過ごす英会話』(以上、池田書店)、『スーパー英文手紙』(大泉書店)ほか多数。

学校で絶対教えない
とっさに使える英会話

著者
向井京子

発行者
阿部林一郎

印刷所
光成社印刷株式会社

製本所
大口製本印刷株式会社

発行所
株式会社日本文芸社

〒101-8407　東京都千代田区神田神保町1-7
TEL.03-3294-8931［営業］, 03-3294-8920［編集］
振替口座　00180-1-73081

＊
落丁・乱丁はおとりかえします
Printed in Japan ISBN4-537-20016-2
1102001031-112020315Ⓝ04
DTP　有限会社ワークスティーツー
編集担当・峰村
URL http://www.nihonbungeisha.co.jp